おいせさん

感謝することでココロやカラダが浄化され、
より豊かな人生を歩むことができるといいます。
そしてこの度、そんなおいせさんの日々の出来事や
気づきを書き記す「浄化ノート」が完成しました。
1日3分ノートを書くだけで、
今まで見えなかった自分の姿が見えてくる。
この「浄化ノート」を習慣化することで、
さらに素晴らしい人生が開けるはずです。

目次

Contents

第3章

目次 Contents

第4章 浄化ノートでよりよい日常に …… 73

第1章

日々の感謝と浄化で運気を上げる

「浄化」で知られているおいせさんですが、もっとも大切にしていることは日々の感謝。感謝と浄化の関係や商品の効果など、おいせさんのベースとなる部分を紹介していきます。

About Oisesan...

「おいせさん」とは

おいせさんとは、お参りをするのが何よりも好きで、感謝の気持ちを大切にし、きれいで聡明な誰からも愛される方のためのブランドです。伊勢をいつも感じられるアイテムを作り、日々の感謝を大切にするきれいな心と結びつけたいという想いから誕生しました。「ココロとカラダの浄化」をテーマに、天然由来の素材を使用した

商品を多数ラインナップしています。

なかでも「お浄めスプレー」は絶大な効果があると多くのSNSやブログで話題に。購入者からは「対人トラブルから解放された」「悪縁が切れた」「お守りのように持っているだけで安心」などの声が殺到しています。その効果からか、芸能人にも愛用者が多いといわれ、おいせさんの浄化の効果を感じている人は後を絶ちません。

おいせさんの教え

おいせさんが大切にしていることは、日々の感謝を大切にするきれいな心。伊勢でお参りをする際も、正宮では公の祈願をお祭りというかたちで行い、感謝の気持ちを天照大御神に伝えることが古くからの風習となっています。決して個人的なことを祈ってはいけないというわけではありませんが、まずは神様に日々生かされていることへの感謝をお伝えしましょう。

人にはどうしても欲があり「もっとあれもこれも欲しい」など〝ない〟ものへ意識を向けがちですが、「朝起きることができた」「友達が笑顔だった」など今自分のまわりに〝ある〟ものへ意識を向ければ、もうすでに豊かであることに気づき、感謝の気持ちが生まれるはずです。そして感謝をすると充足感や幸福感で満たされ、心が清らかになっていくのがわかるでしょう。この状態こそが浄化です。心と身体が浄化されていると、邪気が入ってこなくなり、運気が上がったり、人間関係が好転したりと心地よい状態になります。感謝と浄化はセットなのです。

おいせさんのもたらす効果

江戸時代、「お伊勢参り」は「お蔭参り」ともいわれ、全国から多くの人々が伊勢神宮に訪れました。その村々で一番出来のよいものを奉納し、また餞別をもらったそのお返しにお守りやお札、産物を持ち帰ったのが「お土産」の始まりだという説もあります。「おいせさん」は、主に日本の良質な天然素材を探して商品にしています。なかでも「塩」「フランキンセンス」「ローズマリー」へ強い想いを持ち、多くの商品に配合しています。

塩

Salt

殺菌効果のある塩は、食物の保存に用いられるだけでなく、身体の浄化にも役立つ。保温効果や疲労回復効果もあり、「ココロとカラダの源」ともいえる素材。

塩には優れた殺菌効果があるため、浄化の力があると古来から考えられてきました。日本では古くから神前の供物に塩を添えたり、邪気をはらうために盛り塩をしたり、お葬式から帰宅後に「お清めの塩」を体に振りかけたりする風習があり、現代にも息づいています。また、保温効果もあるため、塩を入れたお風呂の湯に浸かることで、浄化やお清めといった効果が期待できるほか、体を芯まで温めて血行を促進し、湯冷めしづらいことでも知られています。

深い呼吸へと整え、心身の緊張を解して穏やかな精神状態へ導くといわれているフランキンセンスは、スピリチュアルな世界へつながるとも言われている非常に神秘的な香り。古来より人々の願いを届けるものとして神に捧げられてきた歴史ある香料で、クレオパトラや楊貴妃も愛用していたともいわれています。雑念をはらいたいときやイライラしているときなどに焚くと、心やその場の空気が浄化されて自然と落ち着きを取り戻させてくれます。

乳香とも呼ばれる、樹木から採取される固形の樹脂。樹脂を水蒸気蒸留することで、甘くてスパイシーな香りの精油となる。心の乱れを鎮める鎮静作用がある。

Frankincense

フランキンセンス

ローズマリー

Rosemary

ラテン語で「海のしずく」を語源としたハーブで、古くから料理や香料、薬として用いられるなど人々の暮らしに寄り添う。フレッシュで清涼感のある香りが特徴。

ローズマリーは、古代ヨーロッパでは神に捧げる植物として重んじられ、守護と浄化作用があることで知られているハーブです。古くから、死者とつながる、生者を悪魔から守るとされ、あらゆる儀式でも重用されてきました。現在でも悪い気を寄せ付けないようにするため、玄関先に置いたり、持ち歩いたり、燃やしたりして、料理や香料以外にも活用されています。また、その印象的な香りは血行を促し、記憶力・覚醒の支えとなるといわれています。

おいせさんのある生活

くらし

散歩をしたり、お風呂でリフレッシュしたりと、心や身体を心地よい状態にするための行いにも浄化作用はあります。ここでは開運につながるアクションを商品とともに紹介します。

Morning

起床

カーテンを開けて太陽の光を浴びよう

太陽の光を浴びると、幸せホルモンと呼ばれる脳内伝達物質のセロトニンの分泌が促進され、メンタルが安定したり、ストレスが軽減したりと、心と身体によい効果をもたらします。また、古来より太陽のモチーフには魔除けや生命力という意味も込められています。一日を気分よく過ごすために、朝起きたら太陽のエネルギーを取り込みましょう。

お部屋を浄化の香りで満たしてくれるリードディフューザー。赤いスティックがアクセント。￥4,950

外出の準備

お出かけの準備は好きなBGMと

好きな音楽を聴くと、気分が上がったりリラックスしたりするため、浄化の効果もあると言われています。お出かけ前のメイクや支度をする際にBGMとしてかけるだけでも効果は絶大。心地よい状態のまま外出することで、よい出会いや運気を引き寄せられるかもしれません。お守りがわりにお浄めスプレーやハンカチを持ち歩くのもおすすめです。

「伊勢」や「おいせさん」にまつわる可愛い絵柄を落とし込んだ綿100%の大判ハンカチ。各¥1,430

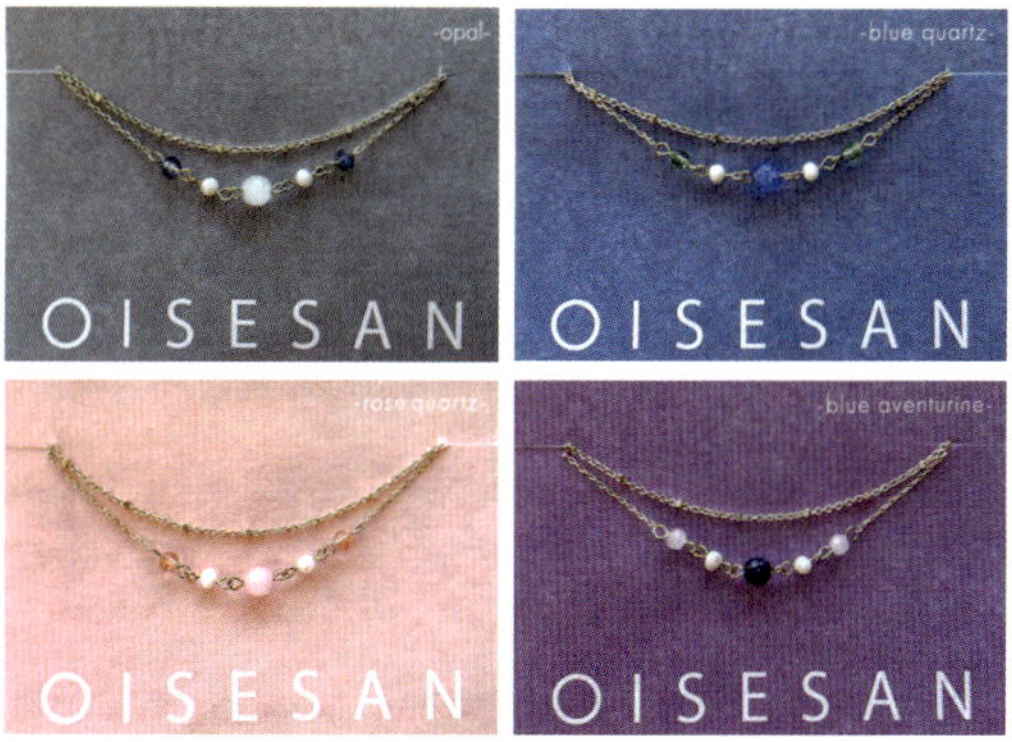

想いが込められた天然石と一粒パールとガラスが手元を引き立たせてくれるブレスレット。各¥2,420

恋愛から縁切り、氣概を満たすなどで人気のお浄めスプレーは、シチュエーションによって使い分けたい。全6種各¥1,320

お浄め塩スプレーがぴったり入るケース。ピルケースや小物入れとして使ってもOK。各¥1,320

Noon

出発

お出かけポーチをラッキーアイテムに

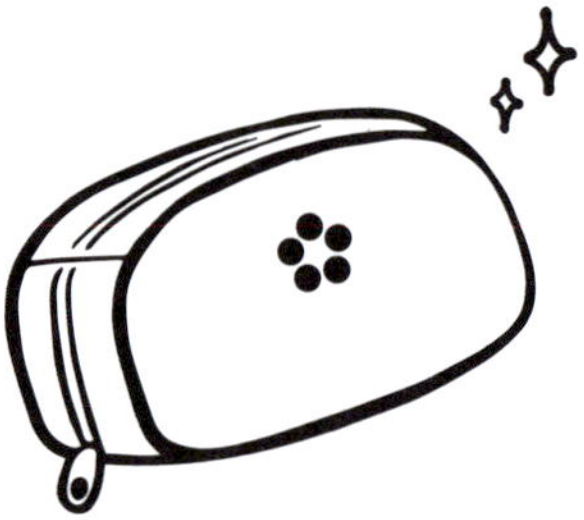

毎日持ち歩くポーチには、ケアをしたりキレイに見せるための自分磨きアイテムが詰まっています。そんなポーチだからこそ、ラッキーカラーを選んだり、心がときめくデザインのものにして、ポーチ自体を開運アイテムにするのも手。いつでもキレイでいる心がけが開運につながります。ぜひおいせさんのお浄めコスメもしのばせてください。

お浄めコスメポーチは、中身が見やすい半透明仕様。PVC素材で清潔に使えるのもうれしい。各¥1,650

化粧を崩さず余分な皮脂のみを吸収する、古くからの知恵と職人の技が光る品あぶらとり神紙。¥495

パシフィックゴルフクラブコラボ

2種の紫外線フィルターが紫外線を通さず、保湿や整肌作用のある成分が手触りのよい肌をキープ。各¥3,850

さらりとしたテクスチャーで保湿するハンドクリーム。べたつかず、みずみずしい手肌に。各¥2,530

なめらかなテクスチャーの潤いによりぷっくりと艶のある唇へと導く、リップトリートメント。各¥1,980

お参り

感謝の気持ちで社寺にお参りを

日常の雑事から離れた神聖な場所に身をおき、神前で手を合わせると自然と清らかな気持ちになります。神様に感謝の気持ちをお伝えしつつ、日頃の行いを振り返ったり、自分自身を見つめ直すことで、行動に変化が出て開運につながることもあります。心身の健康を保つために、日常の生活でも感謝の気持ちで社寺へ参拝に行きましょう。

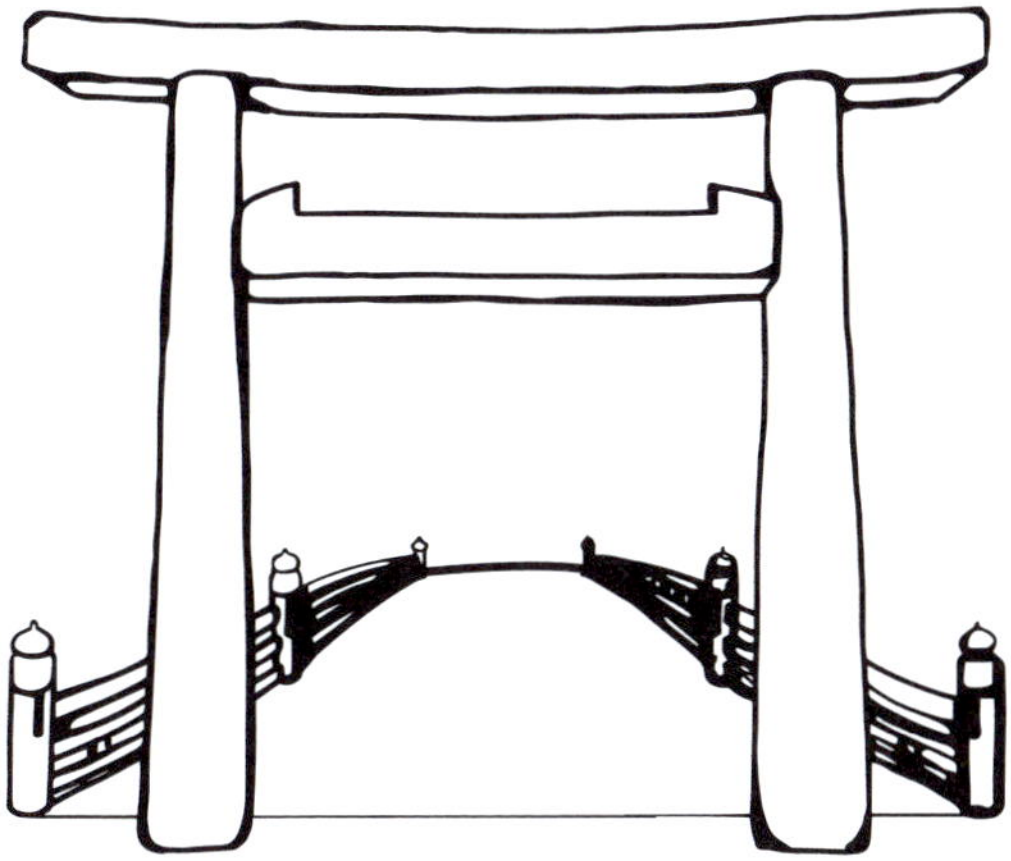

浄々しく厳かで上品なムードの御朱印帳。お伊勢参りや全国の神社・仏閣の参拝時のおともに。各¥2,420

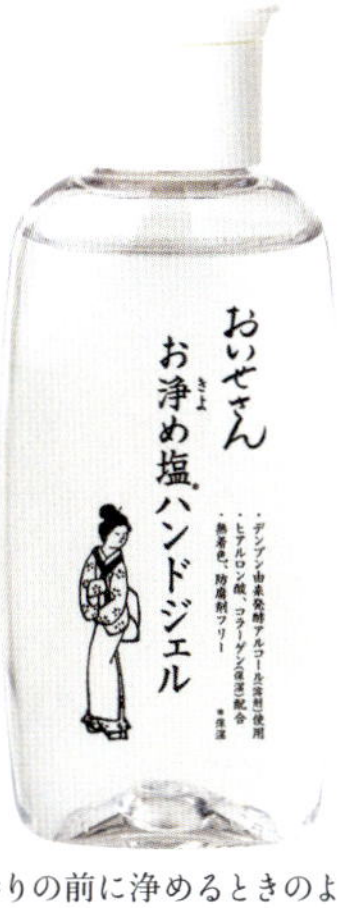

お参りの前に浄めるときのように、いつでも手元をすっきりとお浄めできるハンドジェル。¥1,595

お買い物

プレゼント選びは感謝の気持ちとともに

ぽんぽんつきのキュートなキーホルダーは、ポーチやカバンにつけて毎日おいせさんと一緒に。各¥1,650

友人やお世話になっている人へのプレゼントは、何よりも感謝の気持ちが大事です。相手のことを思って選ぶ贈り物は、その気持ちこそが運気を上げてくれるポイントに。例えばP21の「お浄めヘアゴム」のように誕生月にまつわるものや、さりげなく愛用できそうなものなどを、手書きのメッセージを添えて渡してもよいかもしれません。

各月の草花の色をイメージしたヘアゴム。昔から、生まれ月の色を身につけることで守護され、魅力を引き立てると言われています。ぜひ誕生月カラーのゴムを身につけて浄化して。各¥1,210

お買い物
+α

日頃頑張る自分へのちょっとした贈り物も忘れずに

仕事、家事や育児など毎日頑張っている自分へのご褒美も忘れてはいけません。アイテム選びに迷ったら、身につけることで自分の魅力を引き立ててくれるアクセサリーがおすすめです。古来より魔除けとして身につけられてきたネックレス。おいせさんシリーズから永遠の浄化の想いが込められたアイテムで首元を華やかに演出してみてはいかがでしょうか。

3つの淡水パールの裏にさりげなく鳥居、セーマン、ドーマンの印のあしらいがほどこされている。¥7,920

浄化の作用があるといわれる本物の塩が入ったネックレス。隙間からのぞくのは雲と鳥居。¥4,950

お浄めスプレーの
カプセルトイが登場！

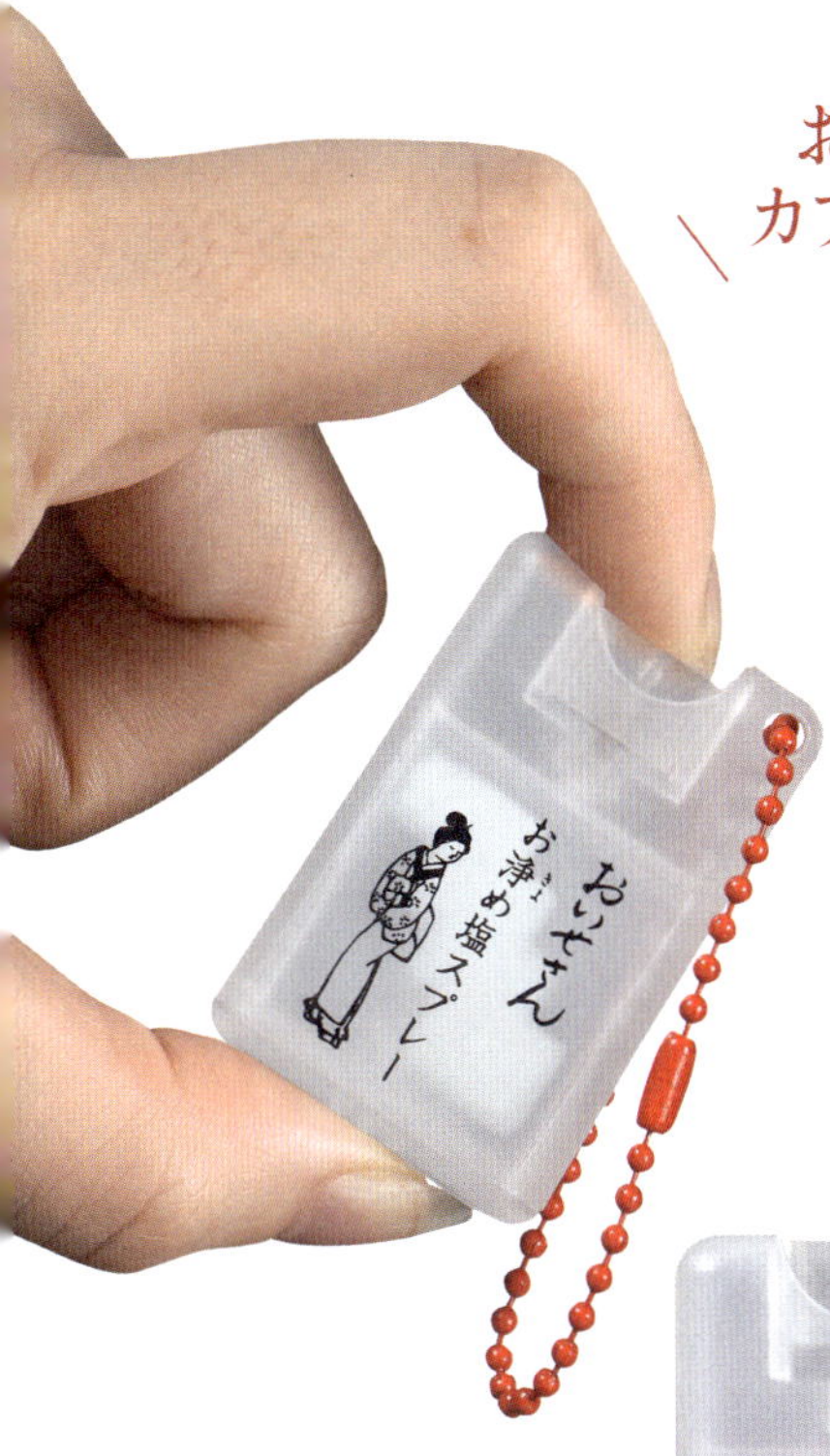

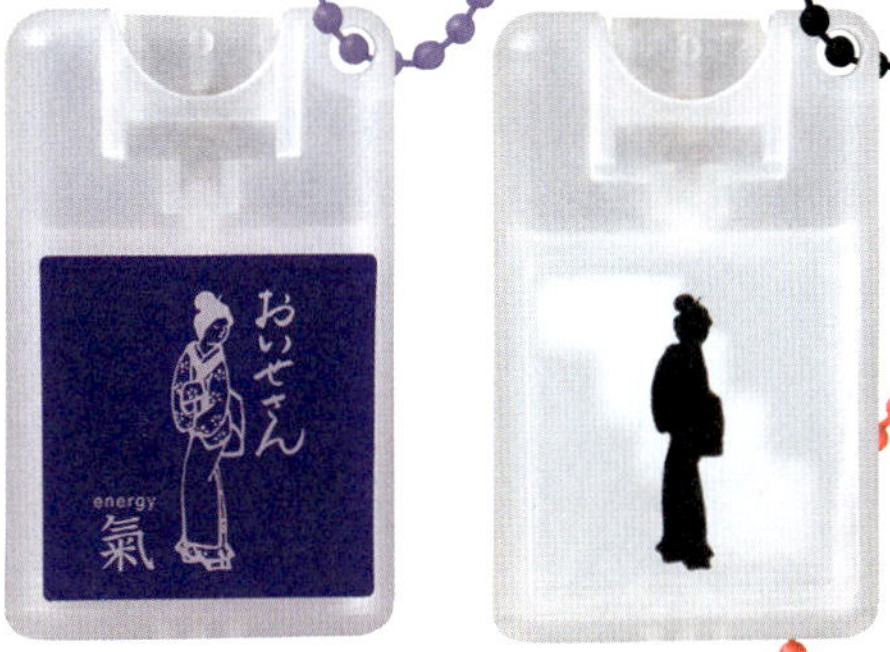

自分のテンションを上げるカプセルトイでもお気に入りを見つけるのもおすすめ。

外宮本店
限定ver.も！

レアアソートを含む全5種。ヘッドが押せるギミックになっていて、実物と同じ香りつき！ 1回¥300

Night

バスタイム

帰宅後のバスタイムは今日の自分を褒める時間に

リラックスしながらひとりになれるバスタイムは「自分褒め」の時間として最適です。心の中で思うよりも、実際に声に出して自分の耳で聞くことで、脳が褒められていると認識して効果が高まります。さらにおいせさんのバスアイテムで全身をお浄めすれば、嫌なことがあった日も、お風呂から上がる頃にはポジティブマインドになっていることでしょう。

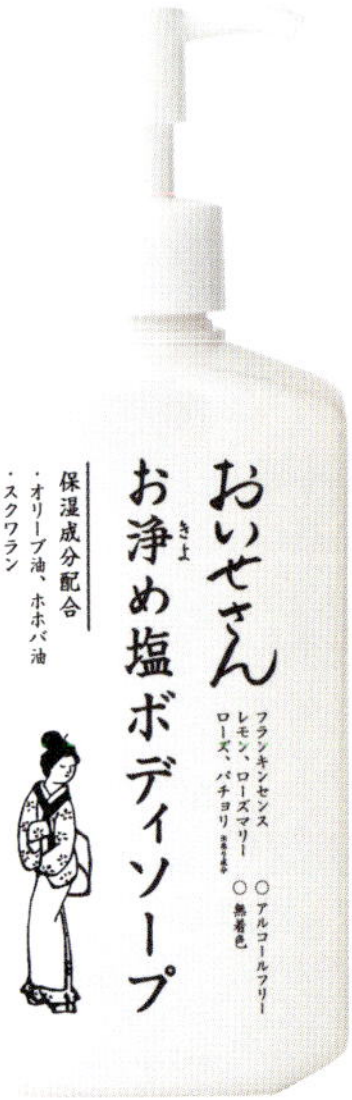

フランキンセンスやローズマリーなど天然素材をたっぷり使った、身体にやさしいボディソープ。¥2,860

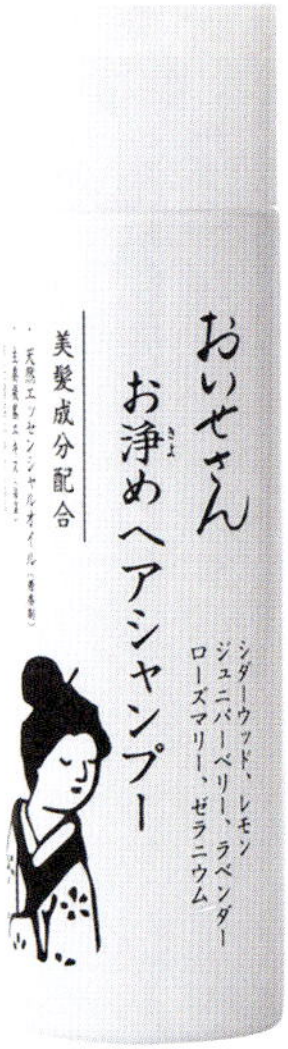

頭皮環境を整えて健康な髪質に導き、指通りのよい髪へ。シャンプー¥2860、トリートメント¥3,080

香りが広がり、リラックスしたバスタイムを楽しめるバスボム「風呂神玉」と「風呂恋玉」。各¥990

ヒーリング
パワーエナジー
リフレッシュ
リラクゼーション

ミネラルいっぱいのお塩と、エッセンシャルオイルの繊細でやさしい香りが心地よいバスソルト。４種セット¥2,112

お浄めバスソルトシリーズから登場した神塩。カラダとココロのビューティな浄化を。各¥528

寝る前に
リラックスしたいとき
リフレッシュ
したいとき
清らかな気持ちに
なりたいとき

厳かさを感じる美しいフォルムと穏やかな香りでココロとカラダを癒やすバスキューブ。¥1,188

就寝前

1日の終わりはお部屋や気持ちをリセット

旅先やヨガのレッスンなどでも活躍する携帯用のキャンドル。お守りのように持ち歩きたい。¥3,685

ミネラルが豊富な海水から天日干しで作り出された塩は、盛り塩に最適。オリジナルの巾着つき。¥1,320

就寝前の1時間は、心地よく一日を終えるために気持ちやお部屋をリセットする大切な時間。キャンドルに火を灯したりしてお部屋の空間を浄化し、リラックスしましょう。それでも気分がすぐれないと感じたら、玄関や部屋の四隅に盛り塩をして邪気をはらうこともおすすめ。前日の嫌な気分は引きずらず、まっさらな状態で翌朝を迎えるのがベターです。

しっとりとした洗い上がりの、エッセンシャルオイルを配合した手肌にやさしいハンドウォッシュ。各¥3,080

第2章

浄化をすれば意識が変わる

浄化をすることで変わるのは実は自分自身の意識です。ここでは浄化の方法や、なぜ浄化をすることで運気がよくなるのかなど、具体的なアクションを含めて紹介していきます。

About Joka…

浄化とは

汚れを取り除いてキレイにすることを浄化といいます。物理的な汚れももちろんですが、心身の罪やけがれ、どんよりと漂う空気、溜まっている疲れやストレスなど目に見えない邪悪なものを取り除くことも浄化といえます。

忙しく過ごす毎日の中で、さまざまな悩みやストレ

スを感じずに生きることはなかなか難しいことです。自分の中に溜まっている不要なエネルギーや、よどんだ空気を感じたら、浄化をしてどんどん手放していきましょう。そうして心身を整えることで、災いを避けたり、運気をアップさせることができるのです。自分自身が心地よく過ごせるよう本来のコンディションに戻せば、望んでいるものを引き寄せやすくなります。

ネガティブな人がポジティブな思考になるには

まだ起こってもいないことに対して悪いほうに考えてしまったり、「私なんか……」とネガティブに思ってしまう癖はありませんか？自分で意識せずとも、ついネガティブ思考になってしまうのであれば、「この状況は決して続くわけじゃない」と気持ちを切り替えてみましょう。ネガティブな人とポジティブな人の違いは、同じ嫌なことがあったときに、永遠に続くと思うか、一過性で終わると思うかにあります。

人間の感情には波があり、いっときの感情が永遠に続くとは限らないように、嫌な感情や状況も永遠に続くとは限りません。「どうせすぐに終わるしな」と思って、散歩をしたり別のことをすることで、気持ちがまぎれていつのまにかネガティブな感情が抜けている可能性もあります。すぐに思考を変えることは難しいかもしれませんが、暗示のように繰り返せばポジティブ思考になる可能性大。マインドチェンジも気持ちの切り替え方法の一つです。

How to

浄化の方法

浄化といっても、日常生活の中で自然としていることから、ちょっと意識を変えることによってできるものまで、その方法はさまざまです。浄化という言葉を聞くと構えてしまう人もいるかもしれませんが、何か特別なことをしなくても休息をとってエネルギーを蓄えたり、掃除や洗濯をして身のまわりをキレイにしたり、お風呂でリフレッシュするなど、普段の生活の中でしていることも立派な浄化なのです。

ここでは初心者でも簡単に始められる方法や、より効果を感じられるアイテムを使った方法を紹介していきます。すぐに実践できるものばかりなので、気負うことなく浄化を始めてみましょう。

方法1

瞑想する

ここ数年耳にする機会が増えた「瞑想」は、日々のストレスや緊張を和らげ、心と身体をリラックスさせるのに効果的です。1日の中で5分でもいいので、静かな場所で目を閉じて深呼吸をしてみましょう。呼吸に集中することで自分自身に意識が向き、心の中の掃除をすることができます。習慣化すればより心身のバランスが整います。

方法2

空気を入れ替える

閉め切った部屋で過ごすと、空気が重たく感じることはありませんか。そんなときは窓を開けて空気を入れ替えるだけでリフレッシュ効果は絶大。空気がよどんでいると思考も滞りがちになりますが、循環させると頭の中もスッキリします。特に空気が澄んでいる朝は、家中の窓を開けて新鮮な空気を取り込むことで、気持ちよく一日をスタートできます。

方法3

掃除をする

部屋が散らかっているとストレスが溜まり、空気もよどみます。部屋は自分の心を映す鏡とも言われているように、掃除をすることで心もスッキリとキレイになり、よい運気が舞い込みやすくなります。掃除機をかけるのもよいですが、より空気を清めるには水拭きがおすすめ。水にひとつまみの塩を入れると、より浄化の効果が高まります。

方法4

お風呂に清酒を入れる

お酒は古来より、食材を浸すことで防腐効果を得ることから、けがれを落とし浄化作用とつながるとされてきました。神棚にも欠かせないお酒は、神様とのつながりを作る神聖なものです。嫌なことがあった日などは清酒を入れた湯船に浸かり、身体全体を清めてみましょう。お酒のはらう力が邪気を除いてくれ、心もスッキリします。

方法5

断捨離する

定期的に掃除をしていても、使わない物で溢れている部屋は気が滞ります。運気を呼び込むにはスペースが大事。「使うかもしれない」という物への執着を断ち切り、不要な物を手放すことで、部屋だけでなく心のスペースも解放され、精神的にも余裕が生まれます。物を手放す際は、今までの感謝の気持ちを忘れないようにしましょう。

方法6

お香やアロマを焚く

古くからお香は焚くと広がる香りと煙で空間を清め、邪気をはらうために使われてきました。火を灯すだけで場の空気が清められていくのがわかりますが、掃除をしたあとに換気をしながら焚くとより効果的です。また香りで浄化をするのであればアロマオイルもおすすめ。どちらもよい香りを嗅ぐことでリラックス効果も期待できます。

方法7

盛り塩で清める

塩には浄化の力だけでなく、幸運を呼び込む力もあるといわれています。昔から日本では魔除けの方法として盛り塩が使用され、出入りが多く悪い気が入ってくるといわれている玄関や、窓がなく十分に換気のできないトイレ、火や水を使うキッチンなどに置くとよいといわれています。気になる場所に盛り塩をし、厄払いと開運を願いましょう。

盛り塩に最適な、塩の粒子が荒く少し水分を含んだフレーク状の塩。お浄め盛り塩。¥1,320

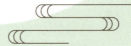

方法8

お浄めスプレーを使う

愛用者が増え続けている、おいせさんの「お浄めスプレー」は、香りと浄化を楽しめるルームフレグランススプレーです。気分が落ち着く繊細でやさしい香りと、おいせさんがこだわったピュアな成分の効果からか、邪気をはらって空間を浄化してくれると口コミで話題沸騰。気になる場所にスプレーしてお浄めしてください。

よいご縁を導くには、まず浄め断つことが必要。お浄め塩スプレー、お浄め縁切スプレー。各￥1,320

お悩み別

マインド転換のすすめ

類は友を呼ぶといわれているように、ネガティブな思考や感情が続くと、それに共鳴したネガティブな人や出来事、結果を引き寄せてしまい、負のエネルギーが循環するようになります。いくら部屋の掃除をしたり、アロマを焚いたところで、根本的な心の持ち方や考え方が変わらなければ、浄化の効果も半減してしまいます。そこで思考の浄化方法としておすすめしたいのが、経験や思い込みなどをもとに固定された自身の思考回路の癖をポジティブに転換すること。人間関係や仕事、恋愛がうまくいくようになり、よい運気が巡るようになります。ここからは具体的に、みなさんのお悩みに対しておいせさんがマインド転換のアドバイスをお伝えしていきます。

お悩み❶

未来に漠然とした不安を持ってしまいます。特に嫌なことがあったわけではない日でも、夜寝る前に将来のことを考えてしまうとなかなか寝つけません。不安の原因がわからず困っています。

おいせさんからのマインド転換アドバイス

未来のことなど誰にもわからず、まだ起こっていない出来事にいくら思考を巡らせても単なる取り越し苦労にすぎません。それよりも大切なのは今生きているこの瞬間です。「今何をしたいか」「今どう思っているか」と今に集中すると、不安が自然となくなっていきます。

お悩み❷

人と話すときに、相手にどう思われるかを気にしてしまい、本当に思っていることを言えないことがよくあります。話し合いなどでも「これを言いたかったわけではないんだよなぁ」と後悔します。

おいせさんからのマインド転換アドバイス

世の中すべての人と波長が合って話ができる人などきっといないはず。そして多くの場合、相手はあなたが思うほどあなたの言葉や行動を気にしていません。全員にどう思われるかを気にするより、話しやすい相手や本当のあなたのことを好きでいてくれる人を大切にしましょう。

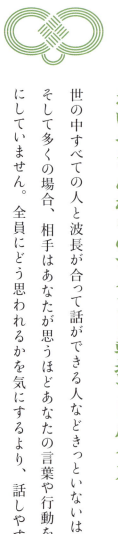

お悩み❸

別れた恋人をいつまでも引きずってしまいます。新しい恋がしたいとは思いつつも、過去を振り返っては「あのときこうしていれば今も一緒にいられたのではないか」と考えてしまい辛いです。

おいせさんからのマインド転換アドバイス

別れてしまった相手に執着をしても、過去を生きているだけで先に進むことはありません。別れを後悔するのではなく、その恋愛から得た経験こそがあなたにとって素晴らしいものだったと切り替えてみましょう。感謝とともに受け入れることで前に進む準備が整います。

お悩み❹

今の仕事が向いていないのではないかと悩んでいます。好きな仕事ではあるのですが、怒られることも多く、このまま続けてよいのかと思ってしまいます。でも、ほかの職業に就く想像もできません。

おいせさんからのマインド転換アドバイス

誰でもやりたいことを仕事にできるわけではないので、今好きな仕事に就けていることに自信を持ってください。怒られることには理由があるはずなので、そのときの自分の行いと気持ちをノートに書き出して整頓してみるのもおすすめです。焦らず丁寧にクリアしていきましょう。

お悩み❺

仲よしのママ友との関係に疲れてきてしまいました。とてもいい人で不満があるわけでもないのですが、気を遣って会ったあとにどっと疲れます。でも、嫌われるのが怖くて誘いも断れません。

おいせさんからのマインド転換アドバイス

人との距離感は近ければ近いほどいいわけでもなく、程よい距離感を保つほうが関係性をうまく保てます。気分が乗らない日は誘いを断るのも手。その際に、ポジティブな面を出しながら自分にはどうしようもない外的な理由をつけると、相手も受け入れやすくなります。

よりよい開運アクション

心身ともに浄化をすることで運気が上がることは先述のとおりですが、さらに積極的に運の改善を図っていくのであれば、大切なのは考え方を変えて行動に移すことです。好奇心を持ち一歩踏み出すことで、どんどん行動する癖をつけるようにしてみてください。行動を重ねると自信がつき、ポジティブな変化が生まれます。小さなことにも感謝できるようになり、気の流れがよい方向に変わっていくのが実感できるようになるはずです。

自然を感じられるパワースポットへ行く

パワースポットと呼ばれている場所は、自然のエネルギーが溢れていたり、神や仏が宿っている場所だと考えられています。行くことで必ずご利益があるというよりは、その土地が持つ歴史や謂《いわ》れ、自然の力を感じて自身に取り入れることが大切です。自然の中に身を置くことで、心身がリフレッシュし、心が清らかになるのを感じるでしょう。

ウォーキングなど適度な運動をする

運動は「運」を「動かす」と書きます。仕事ができる人が筋トレを習慣化しているように、身体を動かすことで運気がよくなることはよく知られています。適度な運動は自律神経のバランスを整え、ストレスへの抵抗力アップにもつながります。運動するのはハードルが高いと感じるのであれば、まずは散歩やウォーキングから始めてみてもよいでしょう。

よい刺激を与えてくれる友人に会いに行く

運気を運んでくるのはいつでも人です。外に出て人に会うことで、運が動いて運命が変わった経験がある人も多いのではないでしょうか。特によい刺激を与えてくれる人は、その人の話を聞くとやる気が出たり、一緒に行動することで自分自身にもよい運気が寄ってきます。運気がよい人のまわりにはよい人が集まり、自然とよい運気が循環しているのです。

気になっていた新しい場所へ行く

行ったことがない場所へ行くことも運気を上げる効果があります。人は慣れた環境で過ごす習性があり、日々の生活もついルーティンになりがち。しかし今まで見たことのない景色や情報に触れることで意識が変わり、新たな道が開ける可能性が高まります。旅行でも転職でもとにかくやってみる。運気を上げるには行動することが一番大事です。

第3章

自分と向き合い風向きを変える

自分を見つめ、よく知ることは、自分自身だけでなく人との関係性もよくします。この章では、自己肯定感や人間関係のこと、自分を好きになるヒントなどを紹介していきます。

Think about yourself

自分を見つめよう

自分のことというのは、意外とよくわからないものです。「自分はこういう性格だ」「自分はこんなふうに感じている」と認識しているのは、その人のほんの一部分。人の心の奥底には、知らず知らずのうちに定着した思い込みや勘違い、思いもよらない感情などが潜んでいます。そうした存在が心の大半を占めているせ

いで、本当の自分が見えなくなっているのです。そこでおすすめしたいのは、自分の思いをノートに書き出すこと。そうするうちに、今まで知り得なかった新しい自分が見えてきます。新しい自分には、よい部分も悪い部分もあることでしょう。それらを知ることは、自分の枠を広げることにつながります。自分の可能性を広げることにつながっていくのです。

自己肯定感とは

自己肯定感とは「自分に価値がある」という感覚のことです。自分に対する自信やプライドのことでもあり、自分を大切に思ったり好きだと思ったりする感覚のことでもあります。

自己肯定感には、条件つきのものとそうでないものがあります。前者は「よい成績を出せたから私はすごい」「素敵な人と付き合っているから私は素晴らしい」というように、「○○だから私には価値がある」と感じている状態です。こうした自己肯定感は、「○○だから」という条件を満たしているうちはいいのですが、その条件に当てはまらなくなると一気に崩れてしまいます。

それに対して後者は「どんな状況でも私には価値がある」と、無条件に自分の価値を見出している状態です。そうした自己肯定感があれば、何が起きても前向きな気持ちを保つことができ、ありのままの自分を大切に思いながら、健やかに生きることができるのです。

なぜ自己肯定感が下がってしまうのか

条件つきの自己肯定感しかない人は、条件が変わると自分の価値を見失うことがあります。「成績が下がってしまったから私はダメだ」「恋人にふられてしまった私には魅力がない」というように、自信をなくしてしまうのです。

そうした状況は、さらに自己肯定感を下げる展開を引き寄せます。「もう失敗したくない」「こんなストレスを感じたくない」という思いは、その人を守りに入らせます。するど結果として「自分が本当にやりたいこと」ではなく「失敗のリスクが少ないこと」を選択したり、周囲の目を気にして流されたりするようになります。批判されることをおそれて自分の気持ちを表現できなくなり、「自分の考えは通用しない」という意識を強めてしまうこともあります。

やりたいことを諦め、意に沿わない行動をする経験が積み重なると、自己肯定感はますます下がります。「自分の思いや感情には意味がない」「自分には価値がない」と感じるようになるのです。

How to

自己肯定感を高める方法

自己肯定感が低い人には「自己肯定感を高めるなんて無理」と感じてしまうかもしれませんが、実はそんなに難しいことではありません。ポイントは、その「思い込み」をなくすこと。「自己肯定感が低い自分」ということさえも否定してしまいがちなところを改め、知らず知らずのうちに自分自身で設定している高いハードルを下げることが大切です。ネガティブな思い込みをポジティブな思考に変えて、まずは「自己肯定感は簡単に高められる」と思い込むことからスタートしてみましょう。

ここでは、自己肯定感を高めるための5つの方法を紹介します。どれも難しく考えずに「これをやるだけでいいんだ」と気軽にトライしてみましょう。

方法1

感情を書き出す

書くということは、気持ちを整理するのにとても適した方法です。自分の心の状態を客観的に見ることは難しいかもしれませんが、書き出してみることによって自分でもわからなかった本当の感情を知り、そしてそれを冷静に分析することができます。

書き出す感情は、決していいことだけでなくて構いません。大切なのは、ありのままをさらけ出し、受け入れること。誰に見せるわけでもありませんし、誰に評価されるものでもありません。たとえネガティブな感情が出てきたとしてもまずは受け入れてあげることが大切です。

方法2

気持ちの切り替え方法を見つける

たとえ嫌なことや自分にとってマイナスな出来事が起きても、気持ちを切り替えることができれば、精神的に安定した状態を保つことができるので、自分自身を肯定しやすくなります。

もちろん、落ち込んだり反省したりする感情があっていいものですが、大事なのはそこからどう考え、どう行動するか。例えば「ここに行くと気持ちをフラットにすることができる」という場所を見つけたり、「会いに行くと心が元気になる」という人を大切にしたり、自分の気持ちを切り替える方法を知っておくととても強いです。

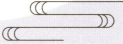

方法3

嫌われても気にしない

自己肯定感が高い人は、自分の評価を他人に委ねません。自分の長所や短所をよく知っているので、他人に何を言われても必要以上に気にすることがないのです。最初はなかなか難しいかもしれませんが、「嫌われたらどうしよう」と相手の思っていることを気にしすぎることをやめてみましょう。

気にしないなんて無理だと思う人もいるかもしれません。そんな人は、他人からの評価をポジティブに捉える練習をしてみましょう。例えば、何かの改善点を指摘されたら「まだまだ伸びしろがあるんだ！」と思うようにしてみるのもいいでしょう。

方法4

自分を褒める

もしかしたら、これが一番難しいと感じる人もいるかもしれません。でも大丈夫。少しずつでよいのでやってみましょう。

そもそも、自己肯定感が低い人は自分へのハードルを高く設定してしまいがちです。「こうでなければいけない」という思いが強いがために、それをクリアできないと自分を否定してしまうのです。まずはそのハードルをぐっと下げて、クリアできた自分をたくさん褒めてあげましょう。「朝起きられた私、えらい！」「会社に行けた自分、えらい！」最初はそんな小さなことからでよいので、とにかく褒めてみてください。

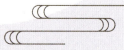

方法5

習慣を身につける

目標を達成したときや評価されたときに感じるうれしい感情や達成感のことを指す「成功体験」。この成功体験を積み重ねていくことで自分を褒める回数が増え、自己肯定感を高めることができます。成功体験を重ねるためには、達成しやすい小さな目標を設定することが大事です。大きなことを成し遂げようとするのではなく、ほんの小さなことでよいので、続けられること、すなわち習慣になることを身につけてみましょう。

一日だけで考えれば小さく感じることも、一週間後、一カ月後には大きな変化をもたらすはずです。

自分と向き合うことと人間関係のつながり

変えるのは誰かではなく自分の目線

人は、日々誰かと関わり合いながら生活しています。ひとりだけで生きているという人はそうそういないはず。仕事をする時間だけを見ても、職場の上司や部下、同僚だけでなく、取引先の人、サービス業であればお客さんなど、そこにはいくつもの人間関係が存在しています。友達や恋人、そして家族との間にも人間関係があります。

そんな人との関わり合い方に悩んだり、疲れを感じてしまっている人も多いのではないでしょうか。逆に、親しい人からそういった相談を受ける人も少なくないかもしれません。人間関係は、多くの人の悩みの種であり課題であるということがわかります。

誰かと関わっていれば、相手の意見が自分と異なったり、その人が自分とは正反対の行動をとったりすることもあります。人の数だけ考え方があるのだから、それはごく自然なこと。そんなとき、「この人はなぜわかってくれないのだろう?」とモヤモヤしたり、「こんな行動をするなんてありえない!」と腹を立てたりすることはありませんか? もちろん、相手が暴力的だったり人として明らかに間違った行動をとっていたりしたら、そう思うのは当たり前。しかし、そうではなかったとき、一度相手ではなく自分に目を向けて考えてみてほしいのです。例えば「自分はなぜこの人のこの行動に疑問を持ったのだろう?」「この人がこういう考え方なら、私はこうすればよいのでは?」と。そうすることで、心のモヤモヤをいつまでも引きずって悩むことなく、自分の次の行動に昇華することができます。誰かにモヤモヤしたら、それはその誰かではなく自分自身と向き合うチャンスなのです。

自分と向き合うことと人間関係のつながり

「減らす」ことより「増やす」こと

前のページで、変えるのは相手の気持ちや行動ではなく自分の考え方というお話をしましたが、人間ですから、どうしても合わない人はいます。もちろん、誰とでもうまく付き合えたらそれはよいことですが、合わない人と無理にうまくやろうとして悩む必要はありません。何度も自分を見つめてみた結果、それでもモヤモヤが残るようであれば、「きっとこの人とは合わないんだな」と時には割り切ることも大切です。

では、よりよい人間関係を築くためには、どんな方法があるのでしょうか。ズバリ、「いいね」を増やしてみるのはいかがでしょう。例えば「職場のあの人、いつも笑顔で挨拶していていいね」や、「取引先の〇〇さん、話し声が落ち着いていていいね」など。ついついマイナスな面に注目してしまいがちですが、まずはその人のよさを見つけるところからスタートしてみましょう。意識してみると、意外と見えていなかった素敵な一面が見えてくるかもしれません。

あとは、自分と合う人を見つけるためのアンテナを張るというのも大事なポイントです。もしかしたら、周囲には自分とわかり合える人がたくさんいるかもしれません。しかし、それに気づかずにただ合わない人との関係ばかりにストレスを感じていては意味がありません。自分とその人が本当に合うかどうかは、コミュニケーションをとることでわかってくるもの。積極的に挨拶をしてみたり、気になる話題で話しかけてみたりしてみましょう。意外と考え方が同じだったり、好みがぴったりだったりと、うれしい発見があるかも。

こんなふうに、ストレスを減らすことではなく「いいね」やコミュニケーションを増やすことに重きをおいてみるのも一つの方法です。

自分を好きになるために〝やめる〟べきこと

よりよい自分になるために、あれもこれもと〝やる〟べきことばかりを探してしまいそうですが、実はもっと大事なのは〝やめる〟べきことだったりするのです。なにげなくしていた日頃の行いが、気づかないうちに自分にとってマイナスな影響を及ぼしていることも。習慣化してしまっていることは簡単にはやめられないかもしれませんが、意識して〝やめる〟ことも習慣にしてしまいましょう。思いきって手放す勇気を出してみて。

デジタルデトックスでSNSと距離をおく

欲しい情報を得たり、同じ趣味を持つ人同士のコミュニティーを楽しんだりと、ネットやSNSは心に潤いを与えてくれるツールです。しかし、残念ながらそれだけではないのが昨今のSNS社会の現状。嘘や言葉のナイフが当たり前のように蔓延《はびこ》っている場所でもあります。きっぱりやめる必要はありませんが、近づきすぎないことが大切です。

苦手な人と無理に付き合わない

P62でもご説明したように、合わない人は少なからずいるもの。もし自分が苦手だなと感じるのであれば、無理にうまくやろうとせず、必要がなければコミュニケーションをとることをやめるのも手です。それよりも、一緒にいて心地がいいと思える人や自分のことを大切にしてくれる人との関係を大事にしましょう。

マイナスを引き寄せる悪口は今日限りに

ついつい他人の悪口をいってしまっていませんか？　日常でイラッとすることや不満が出てくるのは仕方のないこと。それをストレスとして溜め込んでしまうのもよくないので、吐き出すことは大事です。しかし、マイナスなことばかりを口に出したり、それをいつまでも続けていたりすると、不運を引き寄せてしまいます。

過去の気にしすぎは事故のもと

生きていれば、誰しもが間違えたり失敗したりします。今後の人生に活かすために、そこから学びを得ることは大切なことですが、「どうしてあんなことをしてしまったんだろう」「あのときこうしていれば……」と過ぎた道ばかりを振り返っていては、前が見えません。車の運転と同じで、これから行く道をしっかりと見て前に進みましょう。

他人と比べるのは無意味なこと

ついついやってしまうのが、他人と自分を比べること。「あの人はこうなのに自分は……」と羨んだり、焦ったりしていませんか？ それはまったく無意味なことなのです。他人と自分を比べたところで、いいことは起こりません。それよりも、以前の自分と比べて成長したところや変化したことに目を向けて、自分自身を褒めてステップアップしましょう。

先延ばし癖は幸せを逃す

「今じゃなくていいや」「面倒くさいからあとでやろう」とやるべきことややりたいことを先延ばしにしてしまう人も多いのではないでしょうか。たしかに、今すぐやるというのは気力がいることかもしれません。しかし、案外やる気はあとからついてくるもの。まずは少しでも行動してみることで、その分いい結果や幸福も早く手に入ります。

自分を好きになるために
〝できる〟こと

次に〝やめる〟べきことではなく〝できる〟ことを見ていきましょう。重要なのは〝やるべき〟ことではないということ。「これをやらなきゃ」と何かを義務的に課せるのではなく、「これならできるかも」という小さなお守りのようなものを日常に取り入れてみましょう。探してみると、ここに書いてあること以外にもたくさんあるはず。自分の好きなことを気の向くままにやってみれば大丈夫です。

笑顔で過ごすことは幸運を引き寄せる

普段からよく怒っている人は、常に怒っている顔をしているように見えます。同じように、普段からよく笑う人は、ニコニコしている顔が通常モードになります。すると、まわりの人にもその雰囲気が伝染し、その場の空気もよくなります。また、医学的にも笑うことにデメリットはないといわれています。まさに「笑う門には福来る」なのです。

いつどこでもできる深呼吸の効果は絶大

自分に意識を向けて深く息を吸い、ゆっくりと息を吐いてみましょう。人間は焦っていると心拍数が上がり呼吸が浅くなります。そんなときは深呼吸をしてみると、それだけで気持ちが落ち着き、リラックスすることができます。いつどこにいても身一つでできる方法なので、気づいたときにやってみるとよいでしょう。

自分磨きは
身も心も美しくする

スキンケアに力を入れたり、新しいメイクやファッションに挑戦したり、ネイルや髪をきれいにしたり、プチダイエットをしてみたり。身なりを整えることで、自分に自信がついてマインドもポジティブになります。顔は変えられなくても“顔つき”を変えることはできます。明るい表情と気持ちでいい運気を迎え入れましょう。

ポジティブな発言が
願いを叶える

“やめる”べきことでお話しした「悪口」とは逆に、前向きな発言をすることは幸運を引き寄せてくれます。それは魔法などではなく、ポジティブな発言を心がけていると無意識に行動もそれにつられてくるからなのです。たとえ失敗してしまったときでも「ドンマイ！ 次は絶対に大丈夫！」と自分自身に言葉をかけてあげてください。

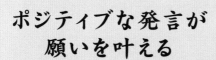

占いはいい結果だけを信じて取り入れる

朝の情報番組でよく流れる星座占い。上位であればうれしいですが、最下位なこともあるわけです。しかし、そんなときは自分にとって都合のいい結果だけを信じてしまえばいいのです。よい結果のときはラッキーアイテムやラッキーカラーも参考にして、「今日はとびきり運勢がいい日なんだ！」と思いながら過ごしましょう。悪い結果のときはスルーしてOKです。

寝るときはそれだけに全集中

睡眠は肉体の疲労を回復させるだけでなく、頭をスッキリとさせるという大事な効果もあります。一日中、仕事をしたり家事をしたりしてたくさん働いた自分の頭をしっかり休ませてあげることが大切です。そうすることで、翌朝には頭の中も心もフラットな状態に戻すことができます。睡眠環境は少し贅沢をして整えてみるのもおすすめです。

日常で浮かんだ思いを書き出してみる

生活の中でふと感じたことや忘れたくないことをメモやノートに書き出してみましょう。内容はいいことでも悪いことでも大丈夫です。「今日は雲一つない空で気持ちがよかった」のようななにげないことでも、書くことによって今日見たその景色が思い浮かび、気持ちをリラックスさせてくれたり高めてくれたりします。

書くことは、自分を見つめるために効果的な一つの方法だといわれています。思っていることを文字にして可視化することで、心が整理されたり自信がついたりして結果的に自分を好きになることにつながります。まずは、この本に付属の浄化ノートで実践してみましょう。次の章ではノートの使い方を紹介しています。

第4章

浄化ノートでよりよい日常に

浄化ノートを取り入れると心が整い人生がより豊かになります。ノートを書くことで得られるメリットや、習慣化させるコツ、ノートの書き方などを具体的に紹介していきます。

How to

浄化ノートを書いてみよう

おいせさんの浄化ノートは、全部で三種類あります。一つ目はポジティブな感情のみを書き出すもの、二つ目はポジティブな感情とともにネガティブな感情もさらけ出すもの、そして三つ目は今の気持ちがどこから来ているものなのかを知り、心の状態を整頓するものです。三種類すべてを毎日書くのではなく、その日の気分に合っていたり、自分が書きやすいと感じたパターンのものだけを選んで書いても大丈夫です。もちろん毎日すべてのパターンを書いてみても構いません。大切なのは気持ちをノートに書き出す習慣をつけることなので、無理のない範囲で自由に使って書いてみてください。ノートは一カ月分ありますので、まずは一カ月続けてみましょう。

パターン1

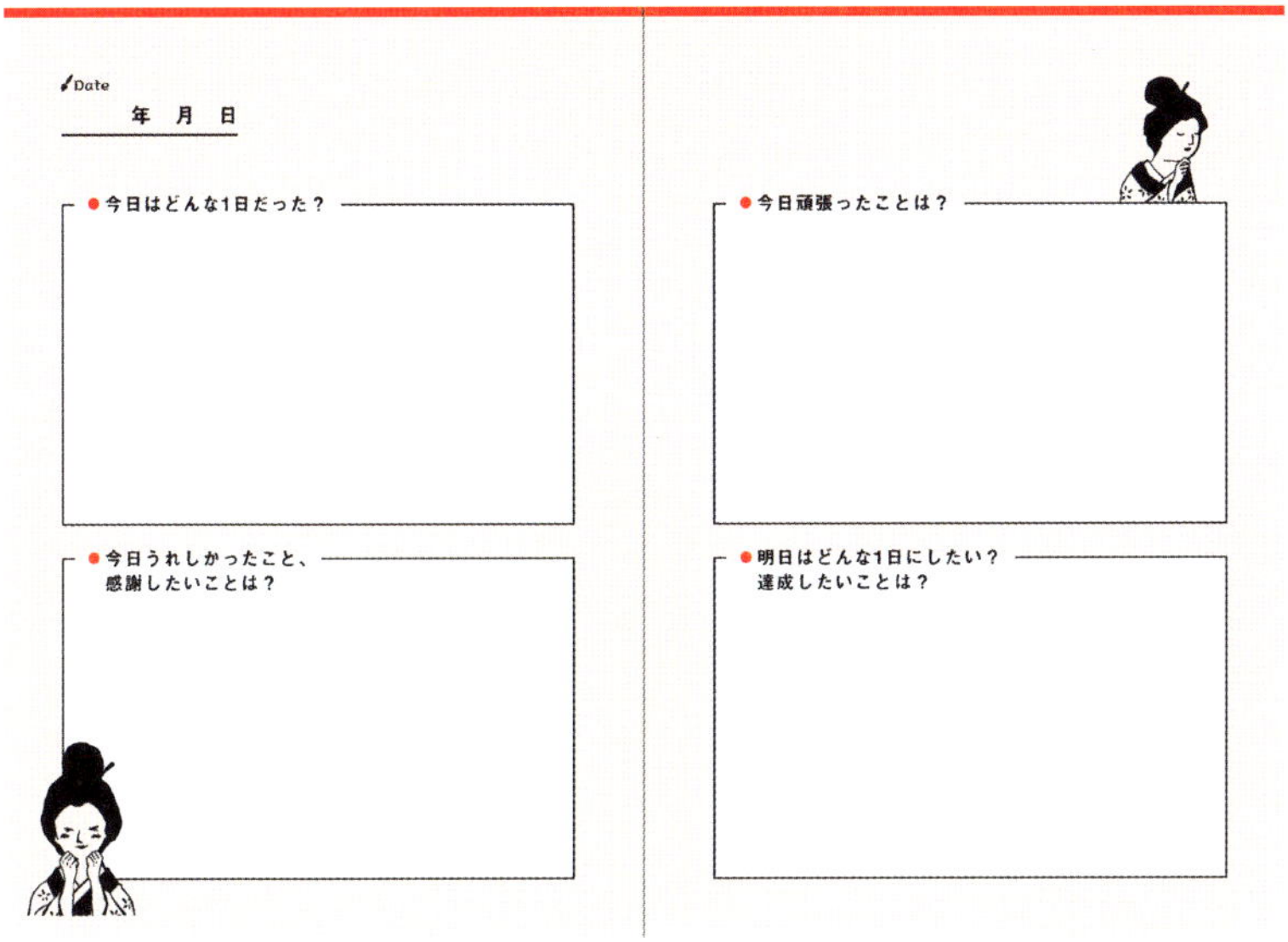

ポジティブな感情を書き出そう

一日を振り返り、うれしかったことや感謝したいこと、頑張ったことなどを書き出してみましょう。今日のポジティブな気持ちを明日につなげていくような気持ちをイメージしてみると◎

パターン2

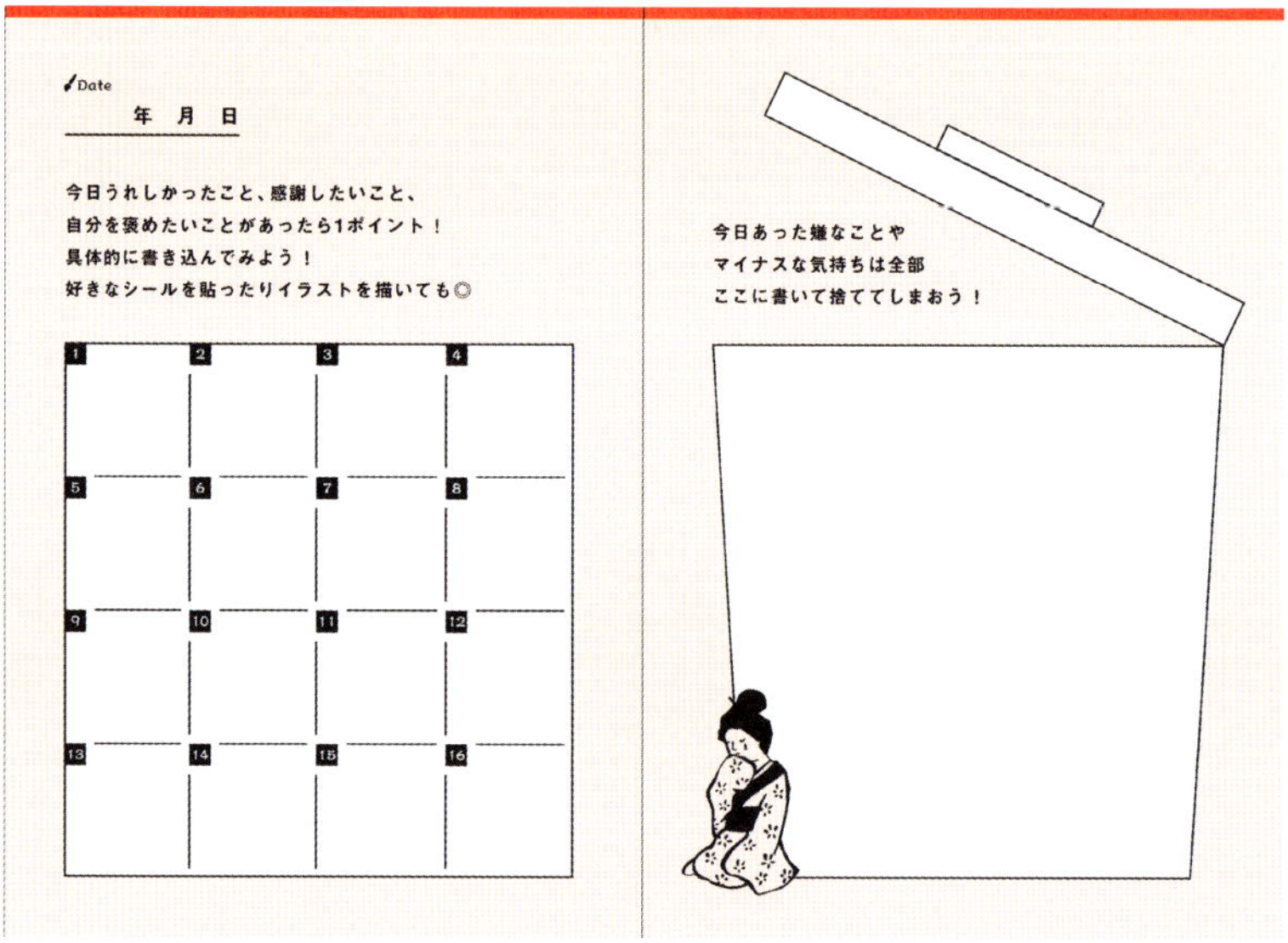

ネガティブな気持ちもさらけ出して

今日あったポジティブな出来事も一つひとつ大事にしながら、嫌なことやモヤモヤしたこともすべて書き出してみましょう。ネガティブな感情はSNSではなくすべてここに置いていって！

パターン3

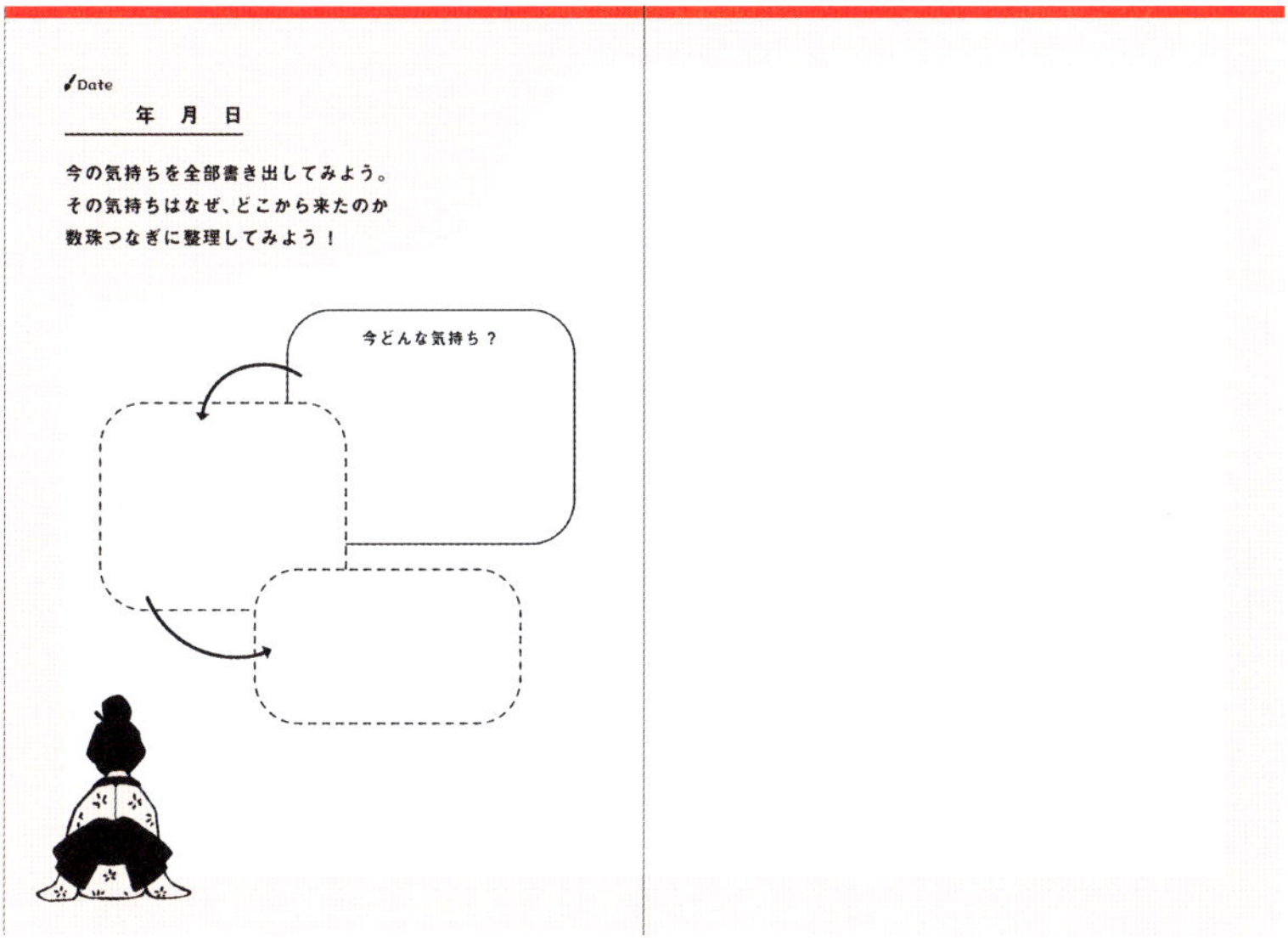
Date
年　月　日
今の気持ちを全部書き出してみよう。
その気持ちはなぜ、どこから来たのか
数珠つなぎに整理してみよう！
今どんな気持ち？

気持ちを整理して心をフラットに

どんな気持ちも正直に書いてみましょう。今その気持ちなのはなぜ？ 解決策は？ 次はどうしたい？ というように気持ちを数珠つなぎに整理して、心をリラックスさせてみて。朝と夜で比べても◎

なぜ書くことがよいのか

現代社会では、私たちの心は多くの情報やストレスにさらされています。忙しい日常の中で、時に自分の気持ちがわからなくなることはありませんか？　そんなとき、ノートに気持ちを書き出すというシンプルな方法が大きな効果を発揮します。ノートに書くという行為は、言わば心の中に散らばった思考や感情を「可視化」する作業。例えば、悩みや不安、怒りなどの感情は、頭や心の中に閉じ込めているとストレスとして蓄積されていきますが、それらをノートに書き出すことによって、ストレスを外に出す浄化作用のような効果をもたらします。また巷でよくいわれている「感謝日記」というかたちで毎日感謝できることを書き出すと、ポジティブな感情が育まれます。日々の些細な出来事の中に感謝の種を見つけることで、幸福感が自然と高まり、人生を前向きに捉える力がつきます。気持ちをノートに書き出すという行為は、簡単ながらも非常に効果的なセルフケアの方法です。忙しい日々の中でも数分間、ペンを持つ時間を作ることで、心が整い、人生がより豊かになるでしょう。

ノートを書くときの浄化ステップ

ステップ1 ノートを用意する

おいせさんの浄化ノートを一カ月続けることで書くことに慣れてきたら、次は自分に合ったノートを用意してみましょう。浄化ノートは書き込む前にコピーをして繰り返し使ってもよいですが、続けていくうちに自分のスタイルが見えてくるはずです。自分に合ったノートを選ぶことで、さらに習慣化しやすくなり、日々の出来事を書き出す時

間がより楽しく、心地よいものになります。選ぶべきノートはサイズもデザインも自由。例えばポケットサイズのものであれば持ち運びが簡単で、移動中や思いついたときにすぐに書き込めますし、たっぷり書きたい場合や絵や写真を貼りたい場合には大きめのノートが便利です。続けていくものなので、お手軽なものでもいいですし、気分が上がる少し高級なノートにしてみてもいいかもしれません。お気に入りのステッカーを貼ってみるのもおすすめです。手元にある手帳やノートでもよいですが、できれば新調するのがベター。ノートは、あなた自身が「これなら楽しく続けられそう！」と思えるものを選ぶのが一番です。ぜひお気に入りの一冊を用意してみてください。

ノートを書くときの浄化ステップ

ステップ❷

書き込む

浄化ノートに決まりはありません。書く時間も、自分にとって心地よい時間に書くのがもっとも効果的です。朝なら新しい一日を迎える前にポジティブなことを書き出して気分を上げられますし、夜なら一日の出来事を振り返り心の整理につながります。また、ノートは誰かに見せるものではないので、自分の気持ちを正直に書くことが大切

です。誰にも話せなかったモヤモヤした気持ちや、人に言うまでもないうれしかったことなど、今の感情に正直になることで浄化の効果は高まります。そして書くときはしっかり書こうと気負わず、「今日は天気がよくて気分がよかった」「仕事で失敗して少し落ち込んだ」のような短いフレーズやシンプルな文章で十分。ほかにも書くことが楽しくなるようお気に入りのペンを使ってみたり、アロマキャンドルに火を灯してリラックスした空間を作るのも効果的に続けられるコツです。浄化ノートは、自分が「心地よい」と感じる方法で書くのが一番です。好きなペンを使い、好きな時間に、自分の気持ちを正直に書いてみましょう。

ステップ❸

自分を見つめる

浄化ノートに書き出すことの効果のひとつは、自分を見つめることができること。浄化ノートを書いたら、その日そのときの自分の心がどんな状態なのかをしっかりと見つめましょう。たとえ気持ちが落ち込んでいて、ネガティブなことばかりが書かれていたとしてもそれを否定する必要はありません。感情を俯瞰して見ることで「こんな

ことを感じている自分もいるんだ」と気づきを得て、今の自分の状態を受け止めることで、自己否定の悪循環から抜け出せます。そのように、ノートに感情を書き出していくと自分の感情を否定せずに受け入れる練習ができるのです。次第に、感情に振り回されるのではなく「次に何をすればいいのか」と建設的に考える癖がつき、ポジティブに物事を捉えられるようになるでしょう。そして感情を書き続けていくと、何が自分にとって大切かがはっきりしてくるはず。それは、日々の生活で繰り返し感謝をしたり、幸せを感じたりすることの中に隠れているかもしれません。

- 今日頑張ったことは？

急きょほかの人の作業を
手伝うことになったけど、
自分の仕事も含めて完了！

- 明日はどんな1日にしたい？
達成したいことは？

仕事もしっかりやりつつ、
来年に向けて
デスク周りをキレイにしたい……！

ノート使用例 1

Date
2024年12月24日

今日はどんな1日だった？

仕事が少し忙しかったけど、
夜はA子ちゃんと
クリスマスディナーに行って楽しかった！

今日うれしかったこと、感謝したいことは？

A子ちゃんが
ずっと欲しかったリップを
プレゼントしてくれた！
毎年素敵なプレゼントをくれてうれしい！

今日あった嫌なことや
マイナス な気持ちは全部
ここに書いて捨ててしまおう！

電車で混んでいるのに
ひとりで2席分使う人、なに!?
機嫌の悪い上司、
関係ない人に当たらないで！

ノート使用例 2

Date
2024 年 12 月 25 日

今日うれしかったこと、感謝したいこと、
自分を褒めたいことがあったら1ポイント！
具体的に書き込んでみよう！
好きなシールを貼ったりイラストを描いても◎

1  10分早く家を出られた！	2  先輩がランチを奢ってくれた！	3	4
5	6	7	8
9	10	11	12
13	14	15	16

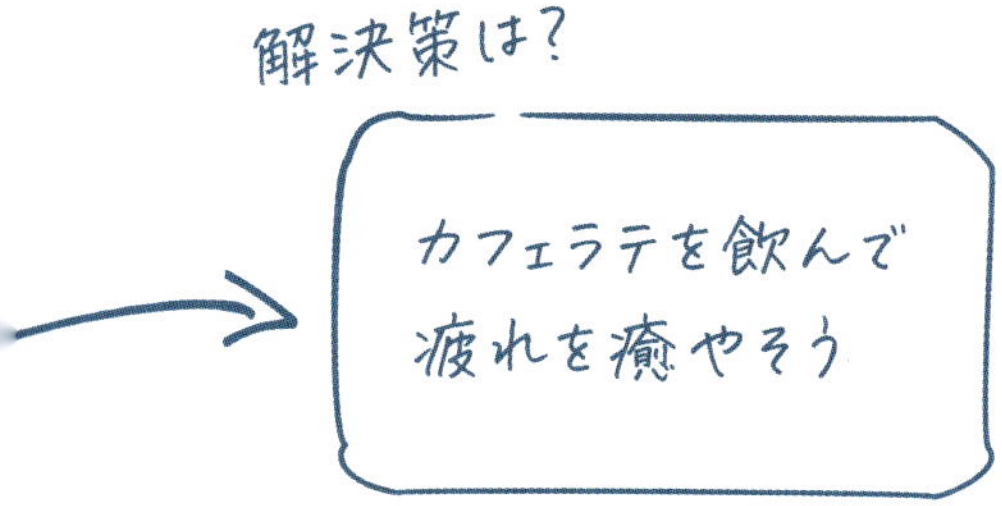
解決策は?
カフェラテを飲んで
疲れを癒やそう

ノート使用例 3

Date
2024 年 12 月 25 日

今の気持ちを全部書き出してみよう。
その気持ちはなぜ、どこから来たのか
数珠つなぎに整理してみよう！

今どんな気持ち？
ちょっと疲れ気味かも

なぜ？

今週は仕事を
頑張った！

どんなところを？

ほかの人の作業も
手伝った！

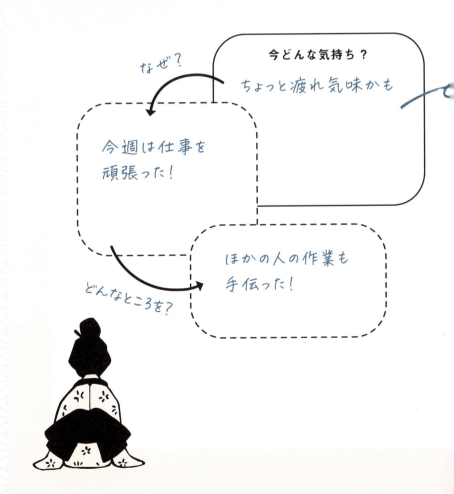

And more…

ノートとあわせて実践するとよいこと

浄化ノートを書くときに自分の気分が上がることを取り入れてみましょう。

リラックスしたり、気分が上がったりすることをセットにすることで、浄化ノートを書く時間が楽しくて特別なものとなり、習慣化しやすくなります。そしてその心地のよい状態で書くことこそ、浄化に一番の効果が

あります。ぜひこれらの方法を取り入れて、ポジティブに楽しんでみてください。

- **お気に入りのカフェで温かい飲み物を片手に書く**
- **海や公園など、自然の音や景色に癒やされながら書く**
- **持ち出すときは、お気に入りのケースに入れる**
- **アロマキャンドルやディフューザーでよい香りを漂わせる**
- **落ち着く音楽を流す**
- **書き始める前に数分間の深呼吸や瞑想を行う**

おいせさんショップ情報

Shop data

直営店

おいせさん 外宮本店

三重県伊勢市本町13-23 / tel:0596-65-6103 / fax:0596-65-6103
【営業日時 年中無休11～16時】

三重県でのお取り扱い店舗

- ギフトキヨスク伊勢市
- 松村 黒潮本店
- 松治郎の舗 伊勢おはらい町店
- 松治郎の舗 松阪本店
- 和～なごみ～
- 勢乃國屋
- 御宿 The Earth
- 志摩観光ホテル

おいせさん 公式サイト

◀ 最新情報とお取り扱い店舗情報はこちらから！

おいせさん 公式オンラインショップ

◀ グッズの情報やご購入はこちらから！

STAFF

おいせさん
クリエイティブディレクション・企画監修／岸野一雄（マルチニーク）
PR／鈴木由羽（マルチニーク）、嶋村萌（マルチニーク）

デザイン／寺尾友里
編集／和田奈津子、齋藤萌香
ライター／齊藤美穂子、谷和美、齋藤萌香

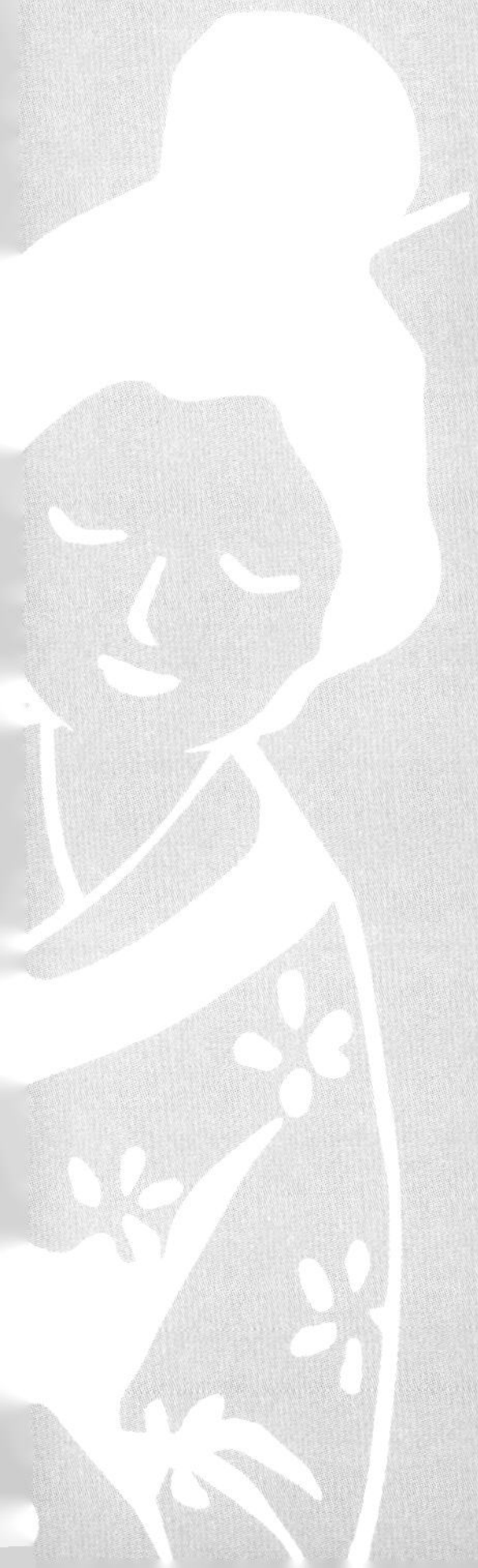

おいせさん

お参りするのが何よりも好き。感謝の気持ちを大切にする。きれいで聡明で誰からも愛される。そんな方のための「お浄めコスメ」を販売している。ココロとカラダの浄化をテーマに、「お浄め塩スプレー」をはじめとする質のよい素材のグッズを展開中。

編集協力
P30-31、P39-43、P48-72 監修
ゆうきゆう

東京大学理科三類（医学部）に現役入学。東京大学医学部医学科に進学し卒業。2008年にゆうメンタルクリニックを開院。医師業のみならず『マンガで分かる心療内科』などのマンガ原作も手がけており、多数の書籍の監修も行っている。

おいせさん
幸せになるための浄化ノート

2025年1月7日 第1刷発行

監修　おいせさん

発行人　関川 誠
発行所　株式会社宝島社
〒102-8388
東京都千代田区一番町25番地
電話（編集）03-3239-0928
（営業）03-3234-4621
https://tkj.jp

印刷・製本　サンケイ総合印刷株式会社

※本書に記載されている価格はすべて税込み価格です。
※情報は2024年12月現在のものです。

Printed in Japan
ISBN978-4-299-05680-1

今日もいい一日でありますように。

Date

年　月　日

Date

年　月　日

Date

年　月　日

Date

年　月　日

Date

年　月　日

Date

年　月　日

Date

年　月　日

Date

年　月　日

今の気持ちを全部書き出してみよう。
その気持ちはなぜ、どこから来たのか
数珠つなぎに整理してみよう！

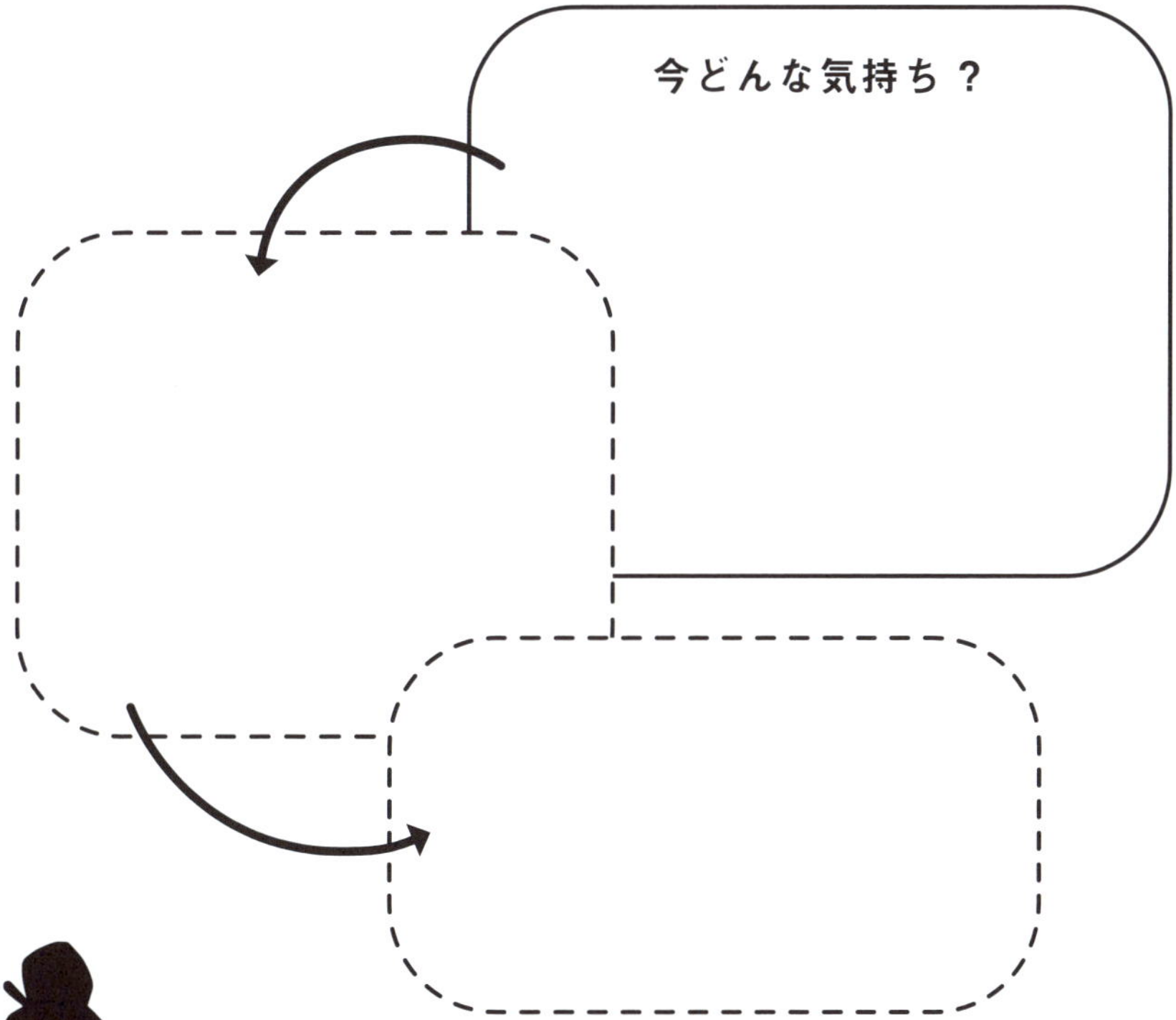

Date

年　月　日

今の気持ちを全部書き出してみよう。
その気持ちはなぜ、どこから来たのか
数珠つなぎに整理してみよう！

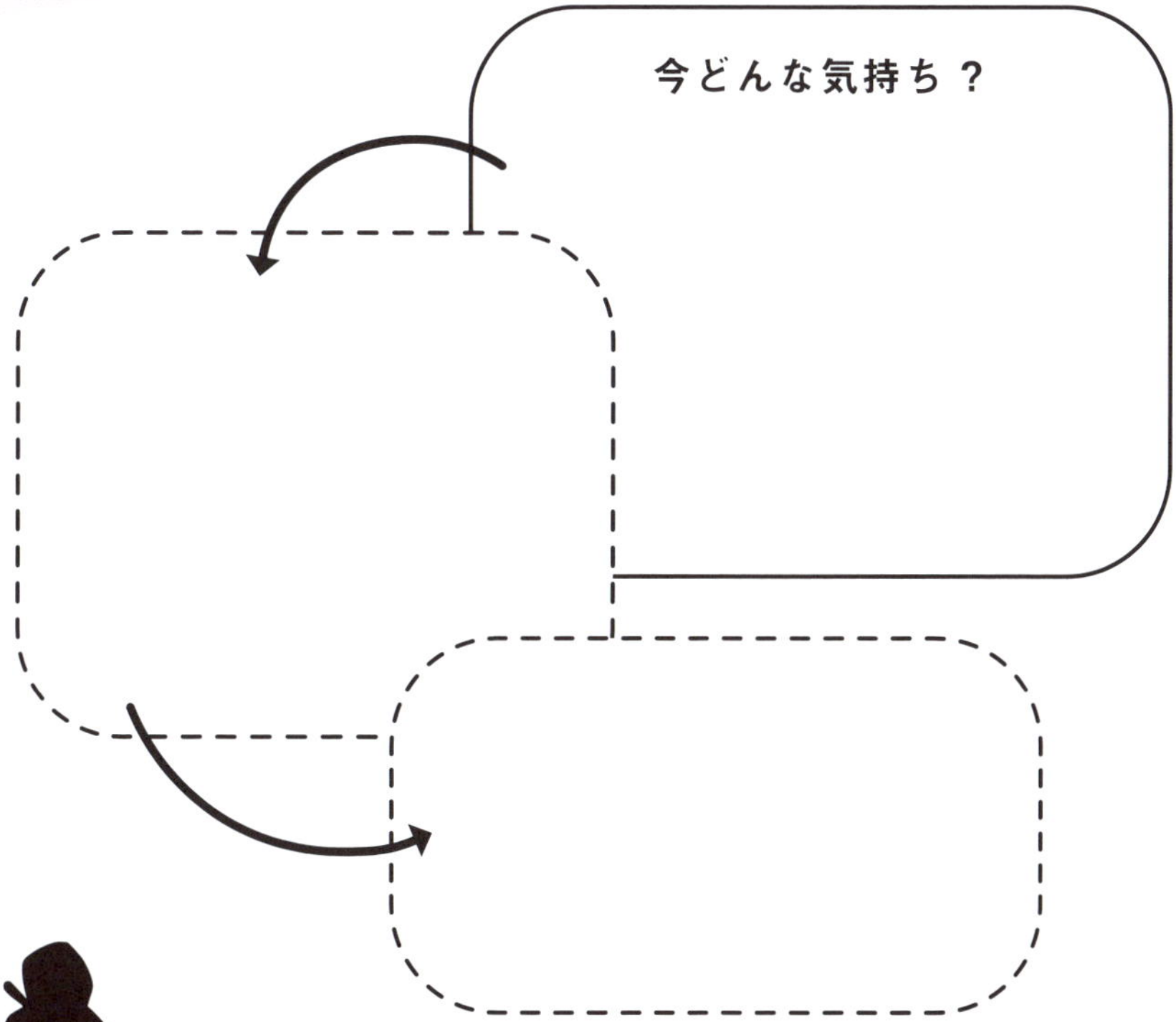

Date

年　月　日

今の気持ちを全部書き出してみよう。
その気持ちはなぜ、どこから来たのか
数珠つなぎに整理してみよう！

今どんな気持ち？

Date

年　月　日

今の気持ちを全部書き出してみよう。
その気持ちはなぜ、どこから来たのか
数珠つなぎに整理してみよう！

今どんな気持ち？

Date

年　月　日

今の気持ちを全部書き出してみよう。
その気持ちはなぜ、どこから来たのか
数珠つなぎに整理してみよう！

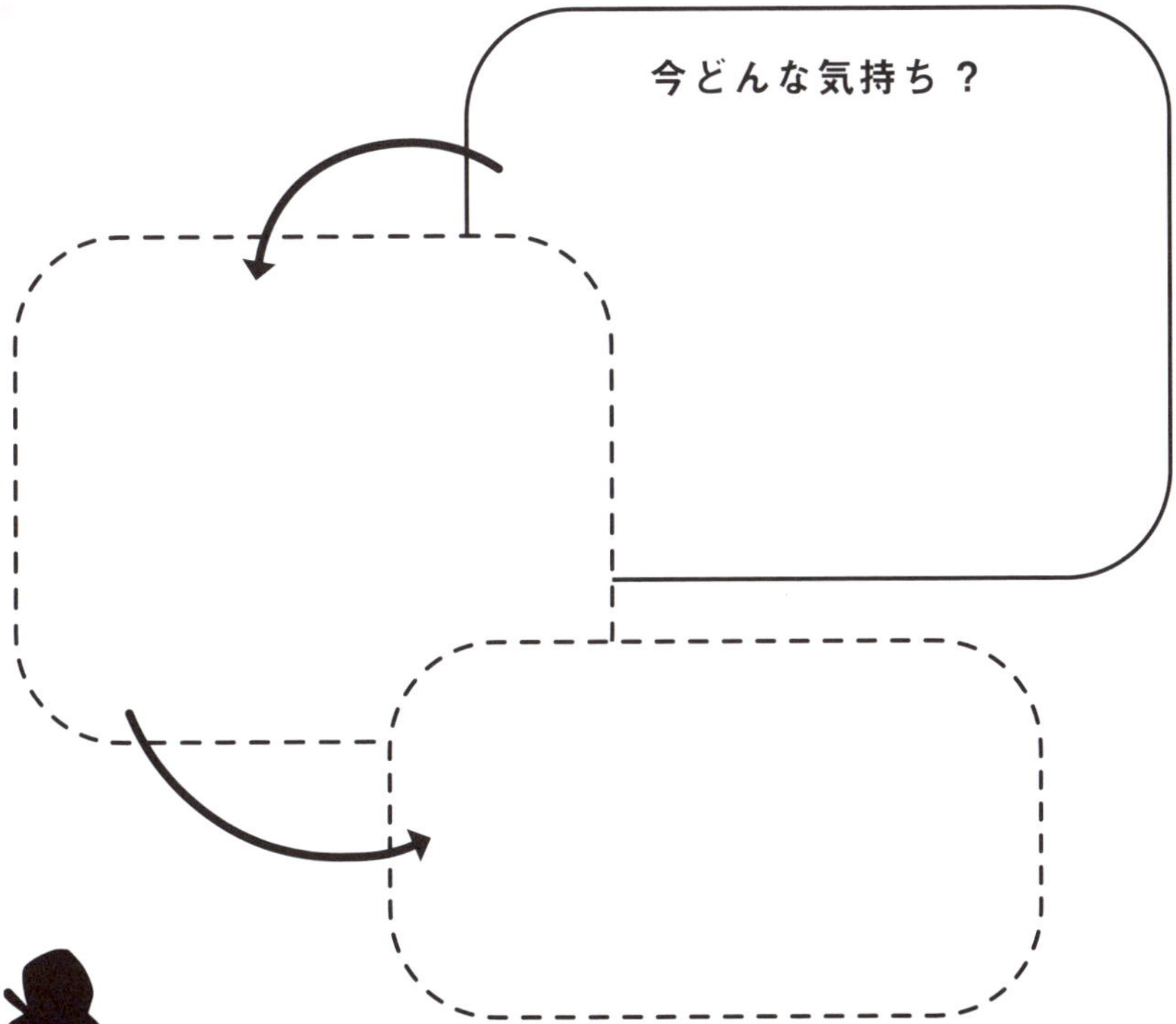

Date

年　月　日

今の気持ちを全部書き出してみよう。
その気持ちはなぜ、どこから来たのか
数珠つなぎに整理してみよう！

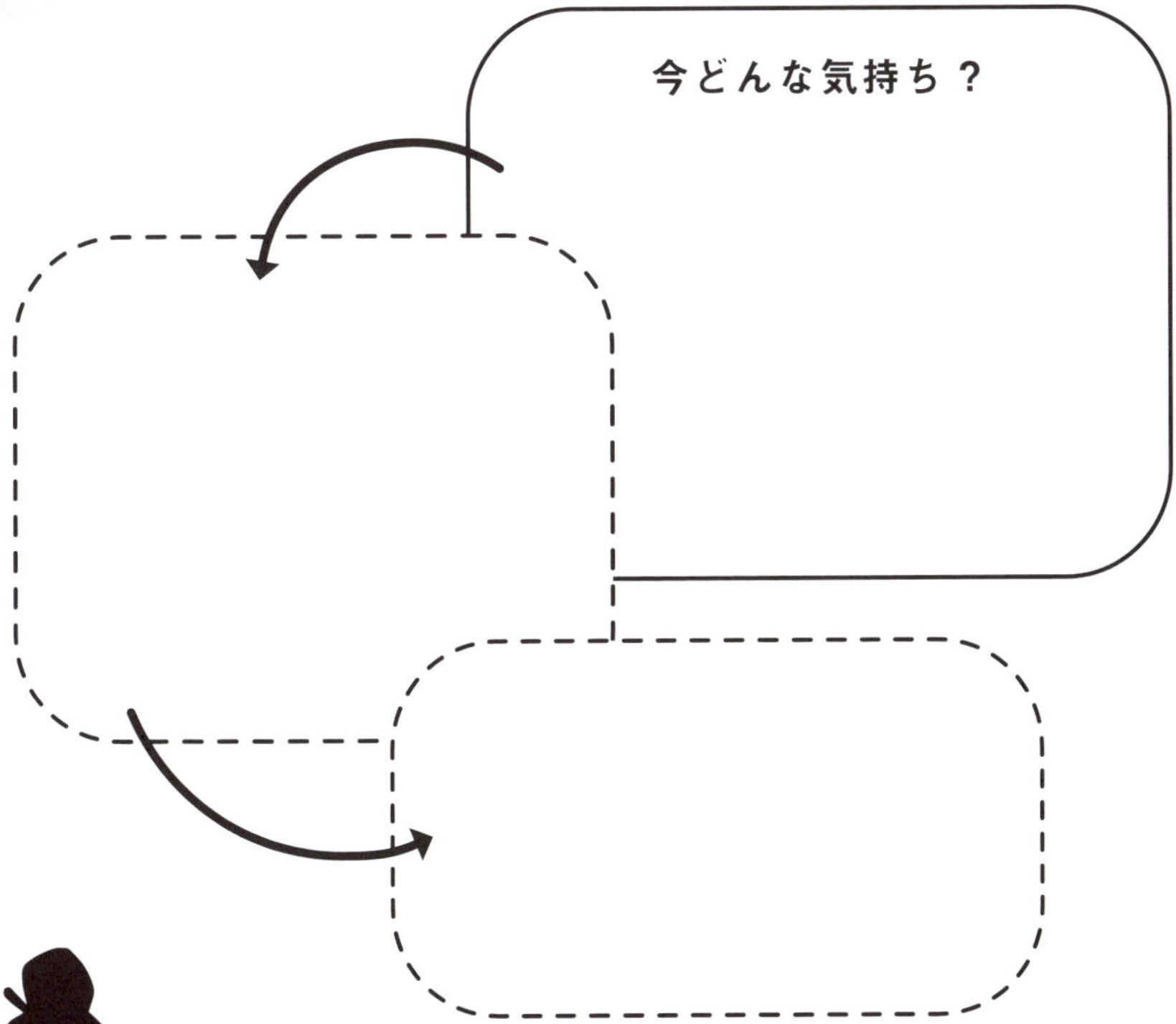

Date

年　月　日

今の気持ちを全部書き出してみよう。
その気持ちはなぜ、どこから来たのか
数珠つなぎに整理してみよう！

今どんな気持ち？

Date

年　月　日

今の気持ちを全部書き出してみよう。
その気持ちはなぜ、どこから来たのか
数珠つなぎに整理してみよう！

今どんな気持ち？

Date

年　月　日

今の気持ちを全部書き出してみよう。
その気持ちはなぜ、どこから来たのか
数珠つなぎに整理してみよう！

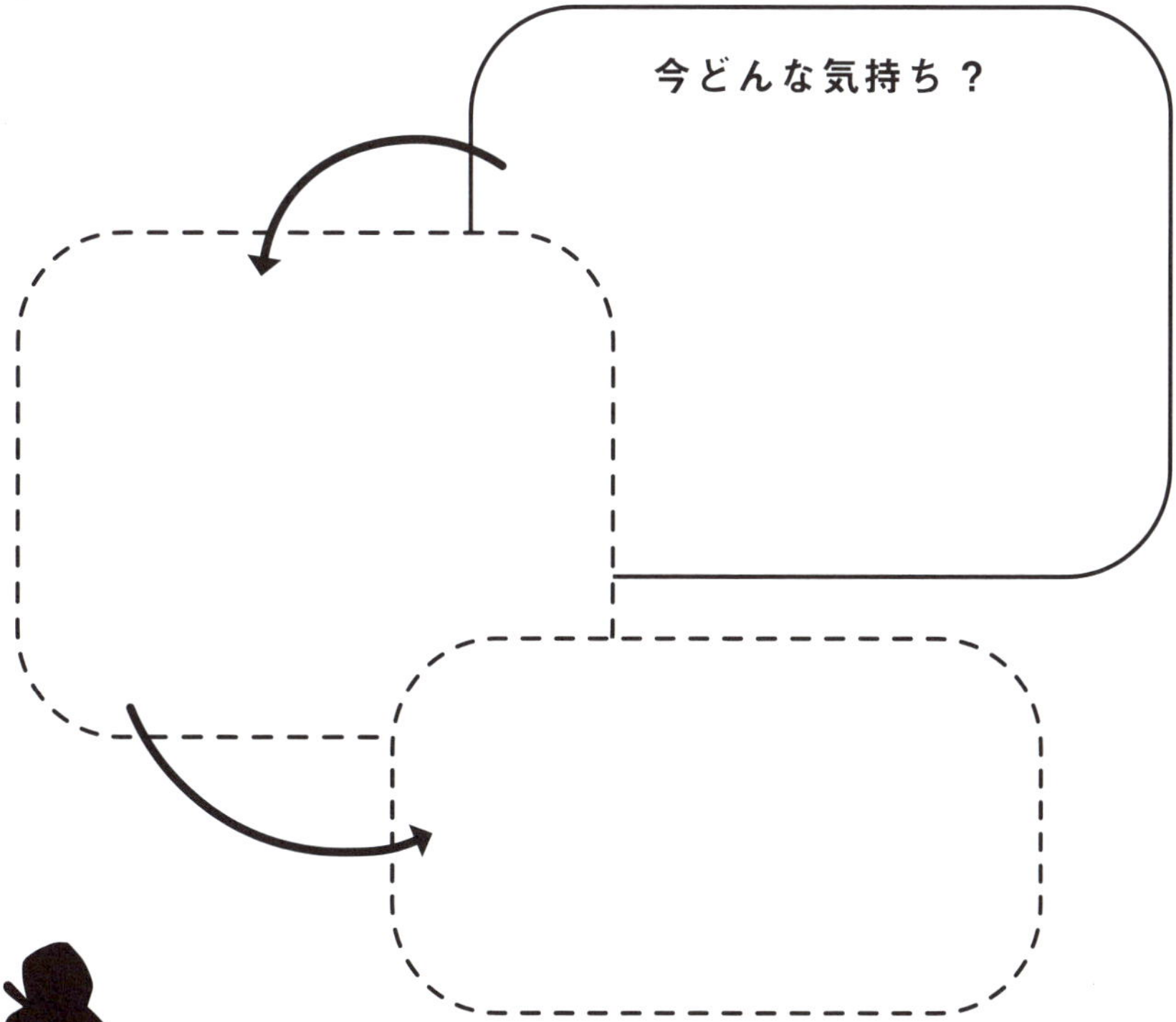

Date

年　月　日

今の気持ちを全部書き出してみよう。
その気持ちはなぜ、どこから来たのか
数珠つなぎに整理してみよう！

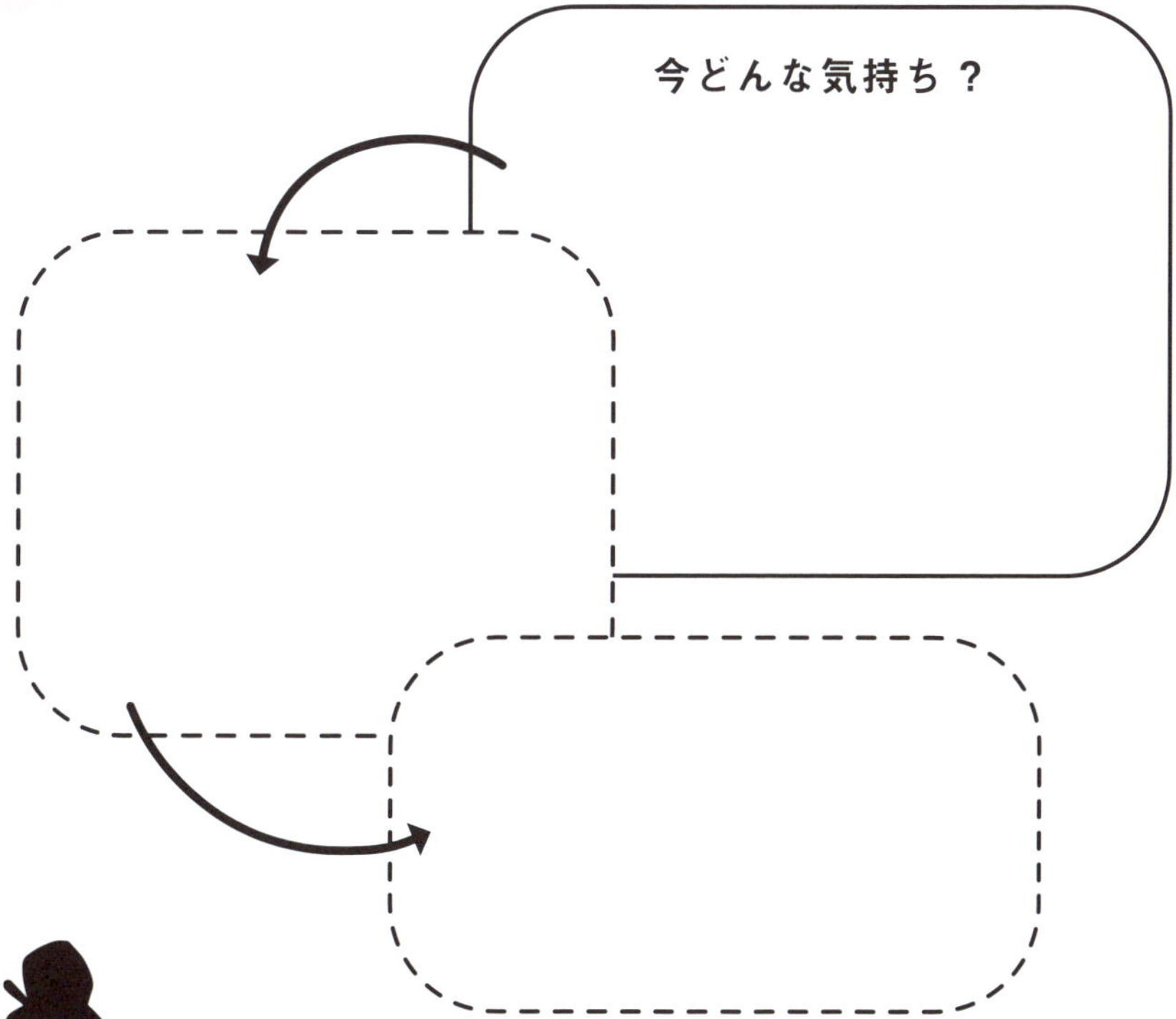

おいせさんの言葉

「この気持ちは何が原因なんだろう？」
自分自身と向き合うことで
見えてくるものもたくさんありますよ。

パターン3

Date

年　月　日

今の気持ちを全部書き出してみよう。
その気持ちはなぜ、どこから来たのか
数珠つなぎに整理してみよう！

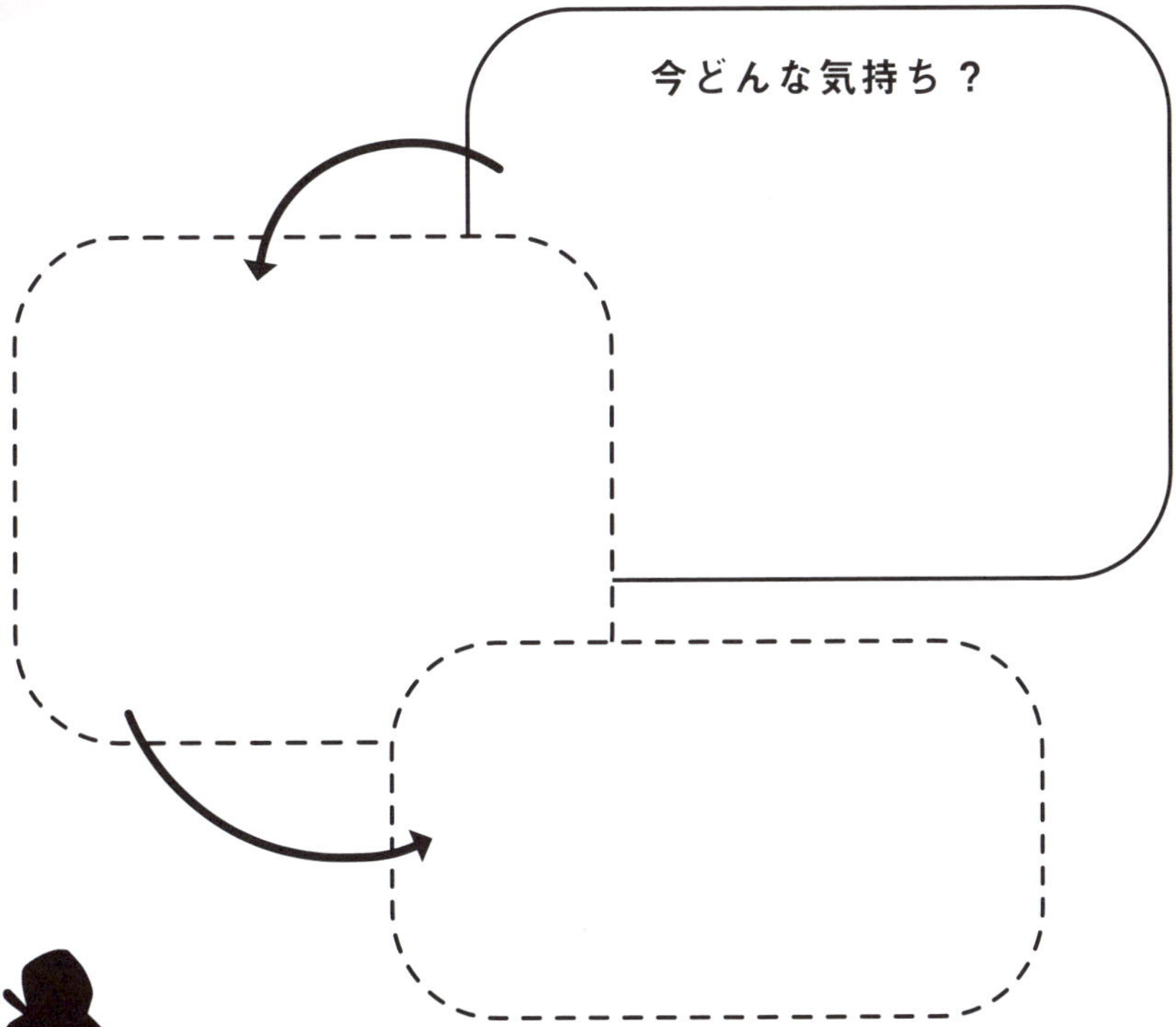

今日あった嫌なことや
マイナスな気持ちは全部
ここに書いて捨ててしまおう！

Date

年　月　日

今日うれしかったこと、感謝したいこと、
自分を褒めたいことがあったら1ポイント！
具体的に書き込んでみよう！
好きなシールを貼ったりイラストを描いても◎

1	2	3	4
5	6	7	8
9	10	11	12
13	14	15	16

今日あった嫌なことや
マイナスな気持ちは全部
ここに書いて捨ててしまおう！

Date

年　月　日

今日うれしかったこと、感謝したいこと、
自分を褒めたいことがあったら1ポイント！
具体的に書き込んでみよう！
好きなシールを貼ったりイラストを描いても◎

1	2	3	4
5	6	7	8
9	10	11	12
13	14	15	16

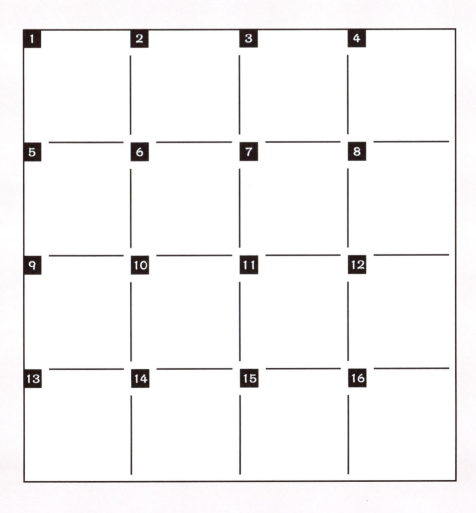

今日あった嫌なことや
マイナスな気持ちは全部
ここに書いて捨ててしまおう！

Date

年　月　日

今日うれしかったこと、感謝したいこと、
自分を褒めたいことがあったら1ポイント！
具体的に書き込んでみよう！
好きなシールを貼ったりイラストを描いても◎

1	2	3	4
5	6	7	8
9	10	11	12
13	14	15	16

今日あった嫌なことや
マイナスな気持ちは全部
ここに書いて捨ててしまおう！

Date

年　月　日

今日うれしかったこと、感謝したいこと、
自分を褒めたいことがあったら1ポイント！
具体的に書き込んでみよう！
好きなシールを貼ったりイラストを描いても◎

1	2	3	4
5	6	7	8
9	10	11	12
13	14	15	16

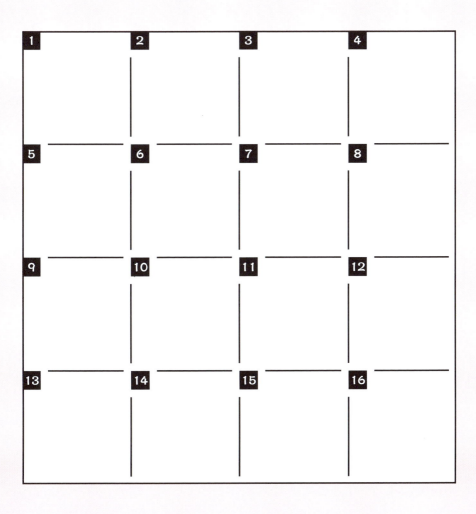

今日あった嫌なことや
マイナスな気持ちは全部
ここに書いて捨ててしまおう！

Date

年　月　日

今日うれしかったこと、感謝したいこと、
自分を褒めたいことがあったら1ポイント！
具体的に書き込んでみよう！
好きなシールを貼ったりイラストを描いても◎

1	2	3	4
5	6	7	8
9	10	11	12
13	14	15	16

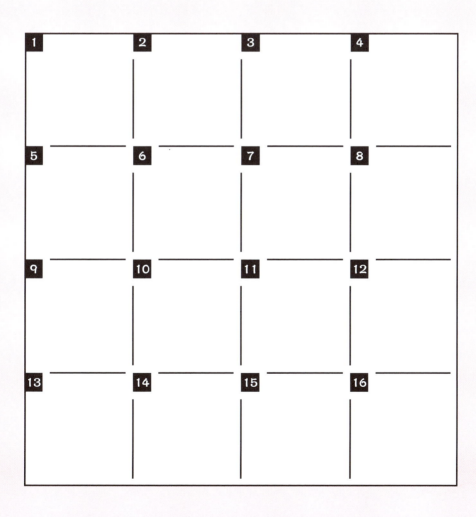

今日あった嫌なことや
マイナスな気持ちは全部
ここに書いて捨ててしまおう！

Date

年　月　日

今日うれしかったこと、感謝したいこと、
自分を褒めたいことがあったら1ポイント！
具体的に書き込んでみよう！
好きなシールを貼ったりイラストを描いても◎

1	2	3	4
5	6	7	8
9	10	11	12
13	14	15	16

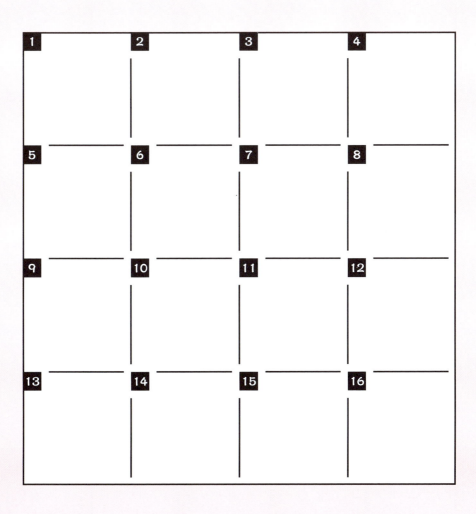

今日あった嫌なことや
マイナスな気持ちは全部
ここに書いて捨ててしまおう！

Date

年　月　日

今日うれしかったこと、感謝したいこと、
自分を褒めたいことがあったら1ポイント！
具体的に書き込んでみよう！
好きなシールを貼ったりイラストを描いても◎

1	2	3	4
5	6	7	8
9	10	11	12
13	14	15	16

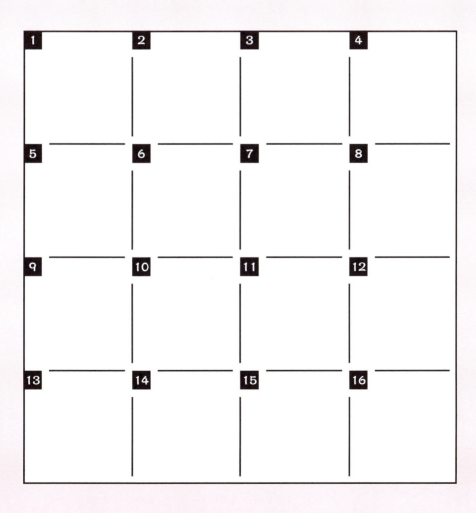

今日あった嫌なことや
マイナスな気持ちは全部
ここに書いて捨ててしまおう！

Date

年　月　日

今日うれしかったこと、感謝したいこと、
自分を褒めたいことがあったら1ポイント！
具体的に書き込んでみよう！
好きなシールを貼ったりイラストを描いても◎

1	2	3	4
5	6	7	8
9	10	11	12
13	14	15	16

今日あった嫌なことや
マイナスな気持ちは全部
ここに書いて捨ててしまおう！

Date

年　月　日

今日うれしかったこと、感謝したいこと、
自分を褒めたいことがあったら1ポイント！
具体的に書き込んでみよう！
好きなシールを貼ったりイラストを描いても◎

1	2	3	4
5	6	7	8
9	10	11	12
13	14	15	16

おいせさんの言葉

気分が落ちてしまったり、イライラすること
があればここにすべて吐き出してみましょう。
そしてゆっくりお風呂に入ってぐっすり寝るの。

今日あった嫌なことや
マイナスな気持ちは全部
ここに書いて捨ててしまおう！

Date

年　月　日

今日うれしかったこと、感謝したいこと、
自分を褒めたいことがあったら1ポイント！
具体的に書き込んでみよう！
好きなシールを貼ったりイラストを描いても◎

1	2	3	4
5	6	7	8
9	10	11	12
13	14	15	16

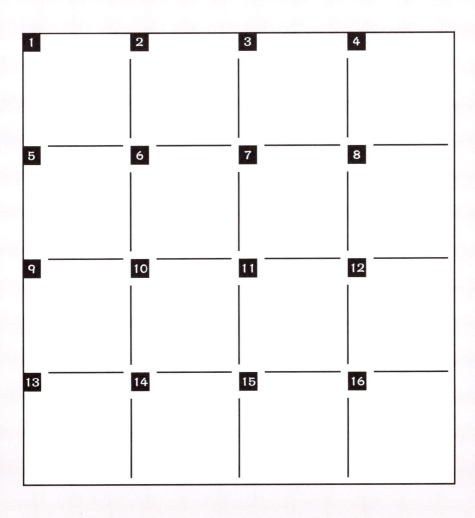

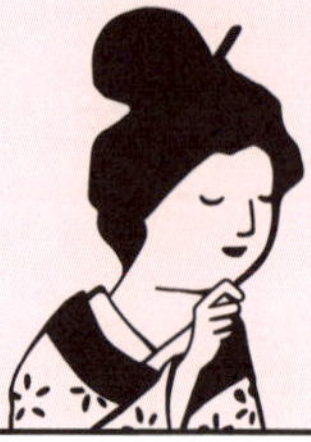

● 今日頑張ったことは？

● 明日はどんな1日にしたい？
達成したいことは？

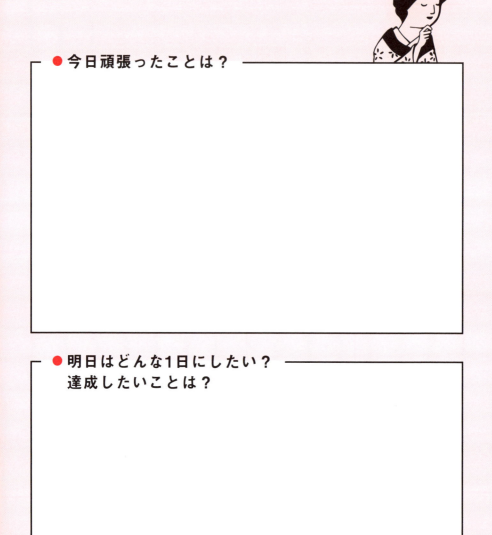

Date

年　月　日

● 今日はどんな1日だった？

● 今日うれしかったこと、
感謝したいことは？

● 今日頑張ったことは？

● 明日はどんな1日にしたい？
達成したいことは？

Date

年　月　日

● 今日はどんな1日だった？

● 今日うれしかったこと、
感謝したいことは？

● 今日頑張ったことは？

● 明日はどんな1日にしたい？
達成したいことは？

Date

年　月　日

● 今日はどんな1日だった？

● 今日うれしかったこと、
感謝したいことは？

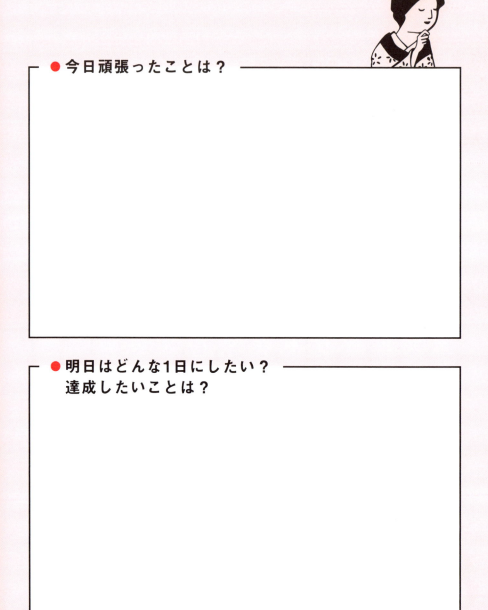

● 今日頑張ったことは？

● 明日はどんな1日にしたい？
達成したいことは？

Date

年　月　日

● 今日はどんな1日だった？

● 今日うれしかったこと、
感謝したいことは？

● 今日頑張ったことは？

● 明日はどんな1日にしたい？
達成したいことは？

Date

年　月　日

● 今日はどんな1日だった？

● 今日うれしかったこと、
感謝したいことは？

● 今日頑張ったことは？

● 明日はどんな1日にしたい？
達成したいことは？

Date

年　月　日

● 今日はどんな1日だった？

● 今日うれしかったこと、
感謝したいことは？

● 今日頑張ったことは？

● 明日はどんな1日にしたい？
達成したいことは？

Date

年　月　日

● 今日はどんな1日だった？

● 今日うれしかったこと、
感謝したいことは？

● 今日頑張ったことは？

● 明日はどんな1日にしたい？
達成したいことは？

Date

年　月　日

● 今日はどんな1日だった？

● 今日うれしかったこと、
感謝したいことは？

● 今日頑張ったことは？

● 明日はどんな1日にしたい？
達成したいことは？

Date

年　月　日

● 今日はどんな1日だった？

● 今日うれしかったこと、
感謝したいことは？

おいせさんの言葉

1日お疲れさまでした。自分自身を目一杯
褒めてあげましょう。あなたが頑張ったこと
を一番知っているのはあなた自身なのだから。

● **今日頑張ったことは？**

● **明日はどんな1日にしたい？**
達成したいことは？

Date

年　月　日

● 今日はどんな1日だった？

● 今日うれしかったこと、
感謝したいことは？

目標達成リストを作ってみよう！

- □ （例）週に2回はジムに行く
- □ 毎日ストレッチをする
- □
- □
- □
- □
- □
- □
- □
- □
- □
- □
- □
- □
- □
- □

目標を書いてみよう！

小さなことでも大きなことでもOK！
達成したいと思う目標を書いてみましょう。
ポイントは、ゴールをあまり遠すぎない時点に設定すること。
1カ月後ぐらいがおすすめですが、
もちろん1週間後でも1年後でも大丈夫です。
右側のページには、それを叶えるためのリストを作ってみましょう。

（例）今月中に−2kg！ など

さっそくノートに
書き込んでいきましょう。

はじめに
prologue

書くことで浄化する おいせさん流ノート

「ココロとカラダの浄化」をテーマにさまざまなお浄めコスメを展開している「おいせさん」。代表する商品の一つである「お浄めスプレー」の効果を知っている人も多いかもしれません。

伊勢から発信しているおいせさんのモットーは日々の感謝の気持ちを大切にすること。

おいせさん

幸せになるための浄化ノート

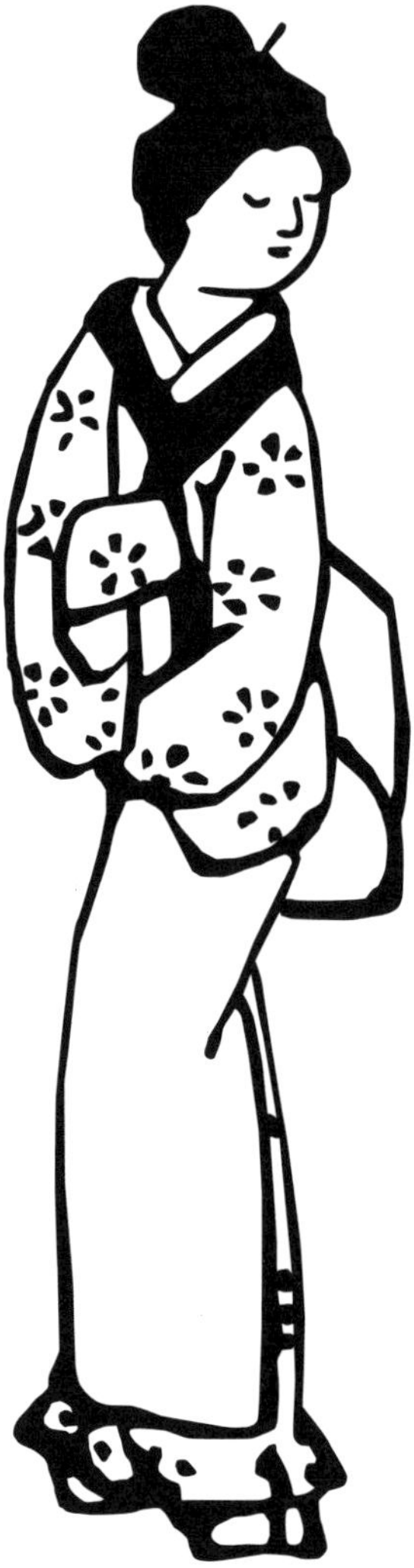

監修 おいせさん

宝島社